顾颉刚

著

当代中国史学

上海人民出版社

目录

前　言

在中国现代史学家中，能像顾颉刚（1893—1980）那样中外闻名的，没有几人。而像顾那样，以名人专家的身份，高屋建瓴，对其领域的成就得失加以评论的，似乎更为少见。由此看来，本书实在是弥足珍贵了。俗话说：文品如人品。这表明，两者之间又有联系。那么，就让我们首先从作者谈起吧。

民国时期的学界，流传有这样一句话："我的朋友胡适之。"用来谐戏那些以认识胡适（1891—1962）为荣、并将他常挂在嘴边炫耀的学人。这句话一方面显示胡适名望之大，另一方面也表明了胡适的为人。的确，胡适之交游，上至达官贵人，下至车夫马弁，在同类学者中，并无几人可及。但其实，真正能成为胡适朋友的人，也实在没有想像的那么多。而在他们当中，顾颉刚绝对是很重要的一位。1917 年，胡适自美归国，任教北京大学。虽然在回国以前，他已经在《新青年》上发表《文学改良刍议》一文，博得一些名声，但要想在北大立足，并采用新的研究手段与角度，将中国传统的经学史研究，扩大和转变为类似西方的哲学史研究，则仍然让他感到是一种冒险，因此心存不安。胡适的这种不安也十分自然，因为他所面对的，是一批比他小不了几岁，自幼便受到传统学问熏陶的学生。在他们当中，顾颉刚是突出的一位。出身苏州世代书香、其家族曾被康熙誉为"江南第一读书人家"的顾颉刚，在去北京念书以前，不但已经熟读了那些所谓的"经书"，而且还旁涉各类书籍，并培养了对历史研究的兴趣。可幸的是，胡适的新方法、新态度不久即为顾颉刚所认可，顾还为他在同学中说项："他虽没有伯弢（陈伯弢——胡适的前任）先生读书多，但在裁断上是足以自立的"。更重要的是，顾还拉了另一位旧学底子厚、而又能"放言高论"的同学傅斯年（1896—1950）去听胡适的课。由于傅和顾的认可和支持，年轻的教授胡适才在北大站稳了脚跟。

与他的老师胡适相比，顾颉刚虽然没有"暴得大名"，但成名也不可谓不早。他于1920年北大毕业，由胡适介绍入图书馆工作，并协助胡适编书。在工作中，他很快就发现了古史传说之可疑，因此追根寻底、顺藤摸瓜，发现了一连串的问题，由此而发起了"古史辨"的争论。此时的顾颉刚，才三十左右，但已经全国闻名了。与他相比，早年北大的学生领袖傅斯年、罗家伦（1897—1969）等人，尚在海外辗转留学。他们虽然比顾年轻几岁，但耳闻顾颉刚的成就，傅斯年也由衷地赞叹道："颉刚是在史学上称王了！"。傅斯年1926年底回国以后，创办历史语言研究所，在古史研究上急起直追，也有一番辉煌的作为。而当年向胡适郑重推荐顾颉刚的罗家伦，在回国之际，则写信给顾颉刚，希求后者的帮助，谋求教职。① 可见在短短的几年时间，顾颉刚的地位有了迅速的转变，从一位年轻的学生，成为了国际知名的学者。他的那些在海外游学的同学，

---

① 傅斯年评语见《傅斯年全集》（台北：联经出版事业公司，1980），页1499—1542。罗家伦推荐顾颉刚事见顾潮《历劫终教志不灰：我的父亲顾颉刚》（上海：华东师范大学出版社，1997），页60。罗在回国以前致信顾颉刚，则见于《中山大学周刊》，2—14（1928年1月），页399—401。

未免感叹："士别三日，则当刮目相看"。用傅斯年
的话来说就是："几年不见颉刚，不料成就到这么
大！"①的确，在20年代末30年代初，顾颉刚名声
非但蜚声国内，而且已经远播海外。美国汉学家恒
慕义（Arthur W. Hummel）在《美国历史评论》上撰
文，介绍顾颉刚、胡适关于古史的讨论，并把顾颉
刚的《古史辨》第一册自序，译成了英文出版，题
为《一个中国历史学家的自传》，俨然把顾颉刚视
为当时中国史学界的代表。②恒慕义的作法，也为
后来的学者所认可。1971年，美国史学家施耐德
（Laurence A. Schneider）出版了中外学术界第一本有
关顾颉刚学术生涯的专著，题为《顾颉刚与中国的
新史学》，把顾颉刚视为中国现代史学的代表人物。③
施耐德愿意为一位当时还在世的中国学者立传，这

---

① 见上引《傅斯年全集》，页1499—1542。
② 恒慕义的文章为 "What Chinese Historians Are Doing in Their Own History?" *American Historical Review*, 34:4（1929），页715—724。他之翻译顾颉刚之自序，见 *The Autobiography of a Chinese Historian*（Leyden: J.B.Brill, 1931）。
③ 施耐德的书见 *Ku Chieh-Kang and China's New History: Nationalism and the Quest for Alternative Traditions*（Berkeley: University of California Press, 1971）。

在美国的学术界也属少见，由此可见顾颉刚的名声
与威望。而在国内，虽然顾颉刚的名字，称得上是
家喻户晓，但真正对他的学术加以研究的，则要在
他过世多年以后。这里的原因，与顾颉刚本人晚年
的遭遇，有所联系，这在顾颉刚女儿顾潮写的《历
劫终教志不灰：我的父亲顾颉刚》的后半部分，有
比较清楚的描述，此不赘言。中文学术界对顾颉刚
以及"古史辨"加以专题研究的，始在20世纪80
年代末，如刘起釪的《顾颉刚学述》、王汎森的《古
史辨运动的兴起》等好几种。德国汉学家吴素乐
（Ursula Richter）于1992年亦出版了《疑古：作为新
文化运动结果的古史辨与顾颉刚》，再度证明顾颉刚
之国际名望。①

1. 坦诚相见、文如其人

也许是早年成名的关系，顾颉刚与胡适一样，

---

① 刘起釪的书为北京中华书局1986年出版。王汎森的书1987年由
台北允晨文化事业公司出版。吴素乐的则见 *Zweifel am Altertum:
Gu Jiegang und die Discussion über Chinas alte Geschichte als
Konsequenz der "Neuen Kulturbewegung" ca, 1915—1923*（Stuttgart:
Franz Steiner Verlag, 1992）。

在生前有意无意地为后人留下了不少材料。如前述有关顾颉刚与胡适之间最初的接触，就是由顾颉刚自己在《古史辨》第一册自序中提供的。因此，他们不但能因其成就而为学界所注意，也由于材料丰富的关系，使后人能不断为之"树碑立传"。但是，他们两人之间还是有所不同的。胡适成名之后，一举一动都在众目睽睽之下，而他又有史学的训练，深知史料的重要，因此他所遗留下来的文件，包括日记和手稿，非但字迹工整，而且思想清晰，没有暧昧之处。即使有暧昧之事，胡适也注意不留下痕迹。如他与美国女友威廉斯的友情\恋情，则主要经过对方所保留的书信，而为今人所知。顾颉刚则稍有不同，堪称"性情中人"，乐意披露自己的感情。这里的感情，并不专指男女之事（当然也有他对谭慕愚长达半个世纪的情愫），而是指他对学问、人生、友情的看法。顾颉刚的《古史辨序》，就是最好的例子。他一旦有了机会，往往下笔千言而不能止，不吐而不快。几乎每次"古史辨"讨论结集，只要是他负责，他就会写一篇长序，直抒胸臆，将前因后果娓娓道来，其中的甘辛苦涩，一并呈现，让读者知晓。因此读他的序言，宛如读郁达夫的小说，有一种淋漓尽致的感受。他们都是"五四"时期的人物，都受到那时提倡的个人主义和浪漫主义的种种影响，虽然治学兴趣不同，但个性风格有相似之处。顾颉刚的这种文风和性格，对历史学家来说，则是莫大的喜事，因为他自愿地提供了许多不可多得的材料，为史家和读者了解他的为人治学，有极大的助益。略微可惜的是，本书篇幅不大，又以评论旁人的作品为主，因此并不能让顾颉刚尽兴发挥。但是，他的文风性格，还是有所体现。他所用的评语，非常直接、干脆，没有保留。他有时甚至将几个人的同类作品加以比较排名，分出名次，充分表现了他直率、真诚的个性。

当然，顾颉刚能这样做，不仅与他的性格有关，更因其史学名家的地位。由此，顾颉刚这种名家评名作的作法，构成了本书的一大特色。本书写于抗战胜利之后的1945年，此时的顾颉刚，虽然刚过五十，但就其威望成就而言，已经是史学界的耆宿。由他出面评述当代中国史学（顾有合作者童书业和方诗铭两人），自然有点"青梅煮酒论英雄"的味道，读来十分过瘾、亲切。但是，顾颉刚并不自大高傲，而是力求公正。这一点又与他的性格人品有关。

顾颉刚虽然出身书香门第，但他的成长，却并不像人们想像的那样，坐拥书城，整日"之乎者也"，只啃那几部经书。相反，他由于年幼体弱，一直为其祖母所呵护，从祖母那里，听来不少民间故事，由此而培养了他对民俗文化的兴趣。以后到北京求学时，又迷上了京戏。因此他对中国的精英和通俗文化，都有兴趣。这或许也影响了他的人品性格。顾颉刚虽然出身世家，自己又很早成名，但他的待人接物，则较少"名士气"，而是显得真诚、宽容，愿意以各种方式奖掖、提拔后进。他的治学，也往往高低兼涉，不但研究深奥的经学与史学，也对通俗的戏曲和民俗文化充满了兴趣。甚至他在古史研究上的一些想法，如所谓"层累地造成的古史传说"的说法，正是他从对戏曲剧情的演变的探究中启发而来。这一"层累地造成的古史传说"，是顾颉刚疑古的一个重要理论依据。他从戏曲的演变中看出，一部剧作的剧情，往往始简而繁，经过几代人的加工，而变得愈益生动逼真、跌宕起伏。他由此提出，人们对古代文明的认识，也经历了同样的演化路线，愈到后代，其对古代的认识，似乎愈益清晰，因此其描述变得愈益复杂生动。其中的原因，显然是因为后人掺假虚构所致。他在那时所举的一个著名的例子就是，传说中的圣贤禹，或许只是古人的一种图腾崇拜，并不是一个真人。只是到了后来，人们才把古史传说"拟人化"，将尧、舜、禹等奉为远古的"三代圣主"。他的这一说法，激怒了当时不少守旧的学者，视顾颉刚为大逆不道。但顾颉刚对古史传说的解释，从人们的常识出发，显得简明易懂，也得到了不少人的支持。而且，他不仅仅做基于常识的猜想，而且用考证史料的手段，提供了古人作伪的许多证据，因此使得"古史辨"的运动，在20世纪20年代为国人所广泛注意。它也揭示了传统文化的弊病，为"五四"新文化运动对传统文化的批判和改造，提供了有力的学术论证。

但是，深知治学艰辛的顾颉刚，并没有因此而停滞不前，而是希求通过进一步的研究，特别是对新史料的发掘和利用，对古史作更深入的研究，以求在科学的、而不是在传说的基础上，重新认识并恢复古代文明的面貌。可惜的是，许多对顾颉刚没有研究的人，往往不了解他的这一想法，而是将他简单看作是一位"疑古"的、"破坏型"的学者。而其实，顾颉刚是想先破而立、甚至破中求立的。因此，他还是一位"建设性"的学者。他在本书上编第五章评论经今文学派时，已经提到"破坏与建设本是一事的两面"。

　　本书的写作结构，比较明确地表现了顾颉刚的这一重要的、常为人忽视的另一面。本书有三编，代表了三个部分，主要描述民国史学由旧转新的过程。在顾颉刚看来，传统史学中有不少有益的成分，为新史学的成就起了一种铺垫的作用。而更重要的是，他把新史学的成功，主要归之于新史料的开发，这自然包括那时对文献史料的考订与批判，而"古史辨"之功劳独大。但他的重点，则是要强调实物史料的发现与运用，如"安阳甲骨文的出土"、"西北文物的发现"、"敦煌石室的发现"和"铜器的新发现"。他把这些实物史料，列于文献史料之前，同时还把传统史学中运用实物史料的成就，特别加以列出，以显示新旧史学之间的联系。于是，细心的读者就能感觉到，虽然顾颉刚把"古史辨"的运动列于书末（第五章），但他并不认为"古史辨"集了新史学的大成，或代表了新史学的最高成就。相反，顾颉刚眼中的新史学，以对实物史料发现和运用为主要核心和标志。而对实物史料的发掘与运用，显然并不是顾颉刚所长，也不是他成名的主因。而是他昔日的好友、今已有龃龉的傅斯年的一贯主张。傅斯年所领导的历史语言研究所，以"史学只是史料学"为信仰，以"我们不是读书人。我们只是上穷碧落下黄泉，动手动脚找东西"为口号，以"凡能直接研究材料，便进步"、"凡一种学问能扩张他研究的材料便进步"和"凡一种学问能扩充他研究时应用的工具的，则进步"为目标，对中国文明的遗址，进行了一系列的科学发掘，由此而对中国的古史，获得了新的认识。①这一新的认识，重建了古史的某些真实性，与"古史辨"所得的结论相反。虽然顾颉刚没有完全改变他

————————
① 见傅斯年《历史语言研究所工作旨趣》，《傅斯年全集》，页1301—1312。

怀疑古史的立场，从他在本书中将安阳殷墟发掘的日期弄错这一点来看，他也没有过于注意他昔日同窗的工作，但是他毕竟是一个诚实的学者，有一种科学的宽容与大度，因此他能承认实物史料的发现与运用，代表了新史学的主要成就和发展方向。

2. 宽容大度、中肯客观

顾颉刚不仅对新派学者如傅斯年持一种宽容、支持的态度，他对其他类型的学者，也一视同仁，能帮忙处便帮忙，能推荐处则推荐，因此他之提拽后进，在当时的学术界十分出名。抗战以前，初出茅庐的学者，常常追随三大"老板"，分别是"胡老板（胡适）"，"傅老板（傅斯年）"和"顾老板（顾颉刚）"。但胡与傅都有机构的支持，财力雄厚，傅斯年创办了"中央"研究院最早的历史语言研究所，与"中央"研究院的关系，非同一般。而胡适则是北大文学院院长，又掌控中华教育文化基金会，势力更是庞大。而顾颉刚仅仅是燕京大学的教授、北平研究院历史组的主任，财力不能与前两人相比。

他之所以能成为青年人追随的对象，主要是他的学
问和他的爱才。[1] 顾颉刚对钱穆（1895—1990）的提
掖，就是一段佳话。钱穆在1929年以前，由于家贫
而没有受大学教育，辗转于无锡、苏州等地的中小
学教书，利用业余时间治学。一个偶然的机会，使
他遇见在苏州养病的顾颉刚。顾颉刚慧眼识才，在
读了钱穆的《刘向歆父子年谱》手稿之后，推荐钱
入京教书，先到燕京大学，以后又推荐他到北京大
学教授中国上古史，使得钱穆能进入当时学术界的
主流。虽然在1931年以前，钱穆还没有公开批评胡
适、傅斯年等人的治学方法和对中国传统的态度；
他甚至还在早先出版的《国学概论》中对胡适所开
辟的新途径表示出一种欣赏的态度。[2] 但是，就钱穆
的教育背景来看，要他像那些接受过科学训练的新

---

[1]　参见顾潮《历劫终教志不灰》，页179。

[2]　有关钱穆与胡适等科学史家的关系，参见余英时《犹记风吹水上
　　鳞》，余著《钱穆与中国文化》（上海：远东出版社，1994），页
　　7—18；傅杰《钱穆与甲骨文及考古学》，《中华文史论丛》，第
　　64辑（上海：上海古籍出版社，2000），页248—307；以及王
　　晴佳《钱穆与科学史学之离合关系，1926—1950》，《台大历史
　　学报》（台北：台湾大学历史系），第26期（2000年12月），页
　　121—149。

学者那样注重研究实物史料来扩张史学研究的范围，则显然可能性不大。对此顾颉刚自然不会不知道。但他照样竭力推荐钱穆，表明了顾颉刚之爱才与宽容的品格。

顾颉刚这种宽容大度、在探究学问方面不抱成见的态度，使得本书的内容增色不少。上面已经提到，本书写于 1945 年，在艰苦的抗战之后，学术界百废待兴、急待重整。但如何重整、重振，则是面对当时人的一个严峻的挑战，因为抗战的爆发，已经分化了中国的学术界。在中华民族面临严重危机的时代，学者们做出了不同的选择，不少改变了原来的治学路线，因此而形成了与战前不同的派别。本书既然是以《当代中国史学》为题，自然必须有一种包容一切、兼顾大家的态度，将这些不同的派别一一作评。顾颉刚之宽容大度、不含偏见的品格，在本书中得到了充分的表现。上面已经提到，他虽然自己并不参与考古发掘，却坚持认为新史学的特长在于开发新史料、特别是对实物史料的重视与运用。同时，他还力图突破政治的偏见，不以政治见解来决定学术著作的取舍。如他在本书下编第一章

第二节"通史的撰述"中，提到的数位史家，从政治态度和教育背景衡量，都不能算是新式的学者，如吕思勉、缪凤林和钱穆，但顾颉刚对他们一视同仁，纯以学术质量为标准加以评论。他对钱穆的《国史大纲》，有这样的评语："钱先生的书最后出而创见最多"，尽管他对钱穆那样以一人之力写作中国通史的作法，并不特别赞成。顾颉刚在书中的议论可以为证，他写道："通史的写作，非一个人的精力所能胜任，而中国历史上需待考证的问题又太多，因此最好的办法，是分工合作，先作断代的研究，使其精力集中于某一个时代，作专门而精湛的考证论文，如是方可以产生一部完美的断代史，也更可以产生一部完美的通史。"

由此可见，顾颉刚本人的治学路径，与胡适、傅斯年的比较一致。胡适写了《中国哲学史大纲》前半部之后，为了佛教的问题，做了不少专题的考证，以致至死都未能完成下半部。有人因此将胡适讥为"半部书作者"，但其实，胡适的这种作法，虽然让人有些失望，但也表明了他治学严谨和实事求是的科学态度。而傅斯年更为极端，他干脆认为通史的写作不是现代史学研究的目的。在《历史语言研究所工作旨趣》中，傅斯年写道："历史学不是著史：著史每多多少少带点古世中世的意味，且每取伦理家的手段，作文章家的本事。近代的历史学只是史料学，……。"① 当然，在"九一八事变"之后，傅斯年的态度也有所改变，认识到通史的教育对振兴民族自信的重要，因此提议在北大开设"中国通史"课，并鼓励张荫麟、吴晗写作通史。对此顾颉刚在本书中有较高的评价，特别提到该书"集合数人的力量，写一通俗的通史"。但他并不因此而贬低钱穆的《国史大纲》。如果我们再考虑到钱穆在《国史大纲》的引论中，曾对所谓"科学派"的治史，有严厉的批评，那么我们就更能体会顾颉刚之宽容与大量了。

顾颉刚不但对当时人看来"守旧"的学者有一种包容的态度，他对马克思主义史家如郭沫若、陶希圣（以当时情形来看）等人，也充分评价他们著作的学术价值，认为他们是"研究社会经济史最早

---

① 见《傅斯年全集》，页 1301—1312。

的大师"。其实，顾颉刚虽然自己那时不信奉马克思主义，但对马克思主义史学的长处，则一目了然。他在本书的引论中已经提到：自唯物主义史观输入中国以后，"更使过去政治中心的历史变成经济社会中心的历史，虽然这方面的成绩还少，然也不能不说是一种进步"。这在当时是一个十分中肯的评论，体现了顾颉刚作为一个杰出史家的眼光与睿智。可惜的是，马克思主义史学虽然为中国的史学研究提供了这样一个方向性的转折，但后来的发展，却也走了不少弯路。社会史和文化史的研究，到了20世纪80年代以后，才有了明显的进展，逐渐演变成为当代史学的主流。

3. 名家名作、风格鲜明

走笔至此，我们已经将顾颉刚的为人与治学，结合本书的内容特色，做了一个大致上的论述。《孟子》有言："颂其诗，读其书，不知其人可乎？是以论其世。"为了更清楚地了解顾颉刚《当代中国史学》的优点和贡献，我们还必须简单讨论一下该书的地位和背景以及我们现在阅读此书的意义。首先谈一下本书在中国史学研究上的地位。中国的史学传统，以其历史悠久著名，两千年来没有间断，可谓源远流长。既然是历史研究，就必然以追求真实为其目标。中国的古代史家很早就认识到"直笔"的重要。但是，中国史家也有借用史实来阐发政治理想、道德理念的传统。孔子的"春秋笔法"自然是一远例，更亲近的例子是司马迁的"太史公曰"，为以后不少"正史家"所延承。换言之，史评这一传统，在中国文化中，也有长久的历史。但是，要说史学史的研究，即对史学写作这一文化事业从观念到方法等各个方面加以系统研究的工作，则要等到与西方文化有所接触以后才正式成为一门学问。有人或许会说，中国古代也有刘知几的《史通》、王夫之的《读通鉴论》和章学诚的《文史通义》等评论史学的名作，由此可以证明史学史的研究在中国也早已存在，但在笔者看来，这些著作的出现，从中国史学传统的大背景看，只是一些偶然的事件，并不能证明传统学者已经有意识地认识到史学史研究之独立性。

　　我们说史学史的研究是在中西文化交流、冲突的背景下才出现，也不是说史学史的研究是从西方移植到近代中国的（当然中国学者也确实参考了近代西方研究史学的方法、观念和理论），而是说在两种文化交流的背景之下，才使得（迫使？）中国学者反思、反省自身的史学传统，因而刺激、促成了史学史研究在中国的诞生。身处20世纪初年的梁启超和章太炎，面临西方从军事到文化的强大挑战，提倡对文化传统进行革新。在做这些文化革新的尝试时，他们自然将两种文化加以对照，结果发现它们之间虽然有许多不同，但就史学研究而言，却也有不少相通的地方。于是梁启超写道："于今日泰西通行诸学科中，为中国所固有者，惟史学。"但是，梁也注意到中西史学的不同："史学者，学问之最博大而最切要者也。国民之明镜也、爱国心之源泉也。"①但中国传统的史学，在推广民族主义这一方面，则欠缺一筹，因此他提倡"新史学"。与他同样对传统学问有深厚素养的章太炎，在观察了中西史学的异同之后，也提出史学革新的要点，是要提倡"通史"

---

① 梁启超：《新史学》，《梁启超史学论著三种》（香港：三联书店，1980），页3。

的写作，即突破朝代史的传统。不管他们两人的观察准确与否（就中西史学的表面上的异同来看，他们俩讲的都十分准确），他们就中西史学传统所做的比较，开启了现代中国史学史研究的先河。换言之，西方文化之输入中国，使得中国人发现了一个文化传统上的"它者"。在这一"它者"的反衬对照之下，中国人开始注意研究自身的文化传统，而史学则成为这一新文化运动的一个先锋。难怪中国现代的著名学者，大都以史学为业，与顾颉刚同时的人中间，以史学闻名的，俯拾即是。即使是其他学科的学者，其成就也往往在史学的研究，如哲学家冯友兰以哲学史著名、佛学专家汤用彤以佛教史成家。小说家鲁迅之文学史研究，有口皆碑，而诗人郭沫若则在中年即慢慢转行到史学界了。相似的例子还有陈梦家、闻一多等人。就当时的情形看，似乎史学研究与学术研究可以画上一个等号。甚至，这一风气在现代中国，仍然有典型的表现。文化名人一旦对学术研究有兴趣，往往从史学方面入手进行研究。小说家沈从文晚年的服饰史研究，就是证明。而武侠小说家金庸，在成为浙江大学文学院院长之后，便选择以中国古代史为方向招收博士生了。

　　既然史学成为中西文化交流的一个渠道，因此中西史学史的研究，在 20 世纪以来，就慢慢为史学家所重视，逐渐演变成为独立的研究主题。20 世纪 20 年代在北大任史学系主任的朱希祖（1879—1944），就开始为学生讲授中国史学的传统，以后成《中国史学通论》一书。他还延请留学美国的何炳松（1890—1946），为学生开设"史学方法论"，由此而引起何炳松翻译鲁滨生（James Harvey Robinson）《新史学》（The New History）一事，而《新史学》则成为"本世纪初的一部著名史学译著"（谭其骧语）。① 在与中西史学传统的对照中，中国学者也发现了一些原来不为人注意的史学史人物，如章学诚及其《文史通义》，就在现代中国学界，受到广泛注意，与章在清朝的地位，有天壤之别。胡适就出版了《章实斋年谱》一书。而何炳松不仅注意到章学诚，而且还注意到了刘知几。与何有同样兴趣的还有"学衡

---

① 见谭其骧《本世纪初的一部著名史学译著——〈新史学〉》，《何炳松纪念文集》，刘寅生、谢巍、何淑馨编（上海：上海华东师范大学出版社，1990），页 74—75。

派"的人物张其昀。显然，由于学者们（特别是那些受到西学影响或训练的学者，其中包括那些所谓"守旧"的"学衡派"人物）开始从史学史的角度反观过去，因此发现了中国史学的一个不同的传统。事实上，这一研究史学史的兴趣，在中国的东邻日本，由于西学的影响，也早已形成。由于中日文化在历史上的亲近关系，日本学者研究史学史，就必然会涉及中国的史学传统。因此，日本史家也对中国史学史进行了研究。汉学家内藤湖南就是一位先驱。他不但有身后出版的《支那史学史》一书，而且还像胡适、何炳松一样，对章学诚的史学颇有研究，成为现代"发现"章学诚的学者之一。现代中日学者对中国乃至东方史学传统的重视和研究，都与他们与西方史学和文化传统的接触有关，也是他们反省和革新自身的史学传统的一个重要表现。

到了顾颉刚写作本书的年代，研究中国史学史的论著已有不少。除了朱希祖的《中国史学通论》和金毓黻的《中国史学史》的专著以外，有关刘知几、王夫之和章学诚的论文已有不少。对明朝以来的史学发展，齐思和等人也开始着手研究。至于清末民初以来史学研究的变迁，钱穆在其《国史大纲》引论（此引论曾首先发表）中，也作了派别的区分，提出了说明意见。而周予同的长篇论文《五十年来中国之新史学》，[①] 论述更是详细。有关史学方法的论著，更是不胜枚举。而才华横溢但英年早逝的张荫麟，则对历史哲学表示了不少兴趣。这些都说明，在本书出版的年代，史学史的研究，已经自成风气，获得了中国史学界的注意。但是，像本书那样，以史学名家出面，评论史学界成就与不足的著作，还是不多的。即使是在此之后，也没有太多同样的例子。白寿彝先生当是一个杰出的例外。而当今更多的史学史专家，似乎已经为自己的兴趣所限，而没有就历史专题做多少研究。如果我们再考虑到本书的个人特色，也即本书所体现的顾颉刚本人的人品与性格，就更能感觉到本书的独特价值了。就拿白寿彝来说，他虽然在过去的几十年来，一直为推进中国史学史的研究做出了很重要的贡献，但他扮演的主要角色，以学术领头人为主，因此在他署名出

---

① 原载《学林》第 4 期（1942 年），收入《周予同经学史论著选集》，朱维铮编（上海：上海人民出版社，1983），页 513—573。

版的著作中，并没有机会充分和全面地展示他个人的学术观点和看法。此处所发的议论，主要是想凸显本书的特色，并无臧否他人的意思。事实上，顾颉刚本人也常扮演学术领导人（顾老板）的角色。

4. 亦书亦史、价值独特

在结束本文之前，我还想就本书的内容再发一些议论。本书既然是名家名作，因此在出版多年后的今天，它也成为史学史与学术史研究的重要史料，因此下面的讨论，主要以本书反映的史学观念为主，至于具体的内容，则留待读者自己去发现与评论。依笔者管见，本书在观念上有两大特点，其一反映了现代中国学者对传统文化与中外文化交流的态度，其二则涉及他们对历史学性质与方法的认识。本书所反映的这两个方面，都能为我们了解中国文化在现代的变迁和改造提供重要的线索和证据，由此亦可证明本书作为现代中国文化经典作品的价值。

作为一位"五四"学者，顾颉刚在本书中所持的文化观，具有"五四"新文化运动的复杂特点，即一方面信奉历史进化论，认为中国文化在现代世界处于一种落后的状态，有待改造和改进，另一方面则又带有强烈的民族主义情绪，相信中国文化顽强的再生能力和内在的价值。这两者之间又存在紧密的联系：民族主义的情感既能使人对自己民族的未来充满信心，又可以为其现状的落后而忧心忡忡，而这一复杂心理，则又与历史进化论的理念有关。正是由于信奉历史进化论，才会使史家将各种文明既作纵向的前瞻，又作横向的比较，由此而发现自己文明的位置，为其超前而窃喜，为其落后而焦虑。殊不知，由此角度来比较文明的价值，几乎永远无法让人满意，因为比较文明进步的标准自有多种，比较的方法可以各个不同，如果纯作外向的比较，则无法获得对自身文明内在价值的全面认识。

在本书的引论中，顾颉刚指出了在抗战胜利之际出版此书的意义，认为"中国的历史，从此又将走入一个新的历史阶段"。而这一新的历史阶段，在顾颉刚看来，是相对19世纪中叶中国为列强所败而开始的那一个历史时期而言的。他说：缔结了《南京条约》之后的中国，"便开始遭受着狂风暴雨的袭击，我们的国家，就在这狂风暴雨之中，作猛烈的挣扎；到今年，终于获得了最后的胜利"。换言之，当时的顾颉刚认为，中国能够打败日本，取得抗战的胜利，不仅有局部的历史意义，而且能为中国的历史开辟一个新的纪元。不管顾颉刚的预测是否正确，他的观点本身已经显示了他的历史进化论意识。

不仅如此，顾颉刚在表达了对中华民族的生命力及其光辉的前途之信心之外，则又对他所处的时代以及已有的学术成果，不甚满意："一百年前，我们对于西洋的文化，望尘莫及；一百年后，我们的文化，仍是迁缓地随在人家的后面，与别人家比较起来，依旧相去很远，我们真觉得对不起我们的祖宗。"但是，在表达了这种不满之后，他又连忙指出："这一百年之中，我们各部门的文化，也有比较进步迅速的，史学便是其中的一门，而且是其中最有成绩的一门。"这里，顾颉刚民族主义文化观之复杂、矛盾，显露无遗。

这种文化观，主导了顾颉刚对历史学性质与方法的认识。在他看来，历史学像历史本身一样，会经历一个进化的过程，而这一进化，主要表现在两个方面，一是方法的完善，具体表现为运用科学的手段发现和考证史料，从而扩充人们对历史的认识。二是视野的开阔，由原来的帝王将相扩大到社会的各个层面。本书的结构，充分体现了这种史学观。顾颉刚不但要展现这一百年来中国史学从旧到新的转化\进化，而且还想揭示和解释这一转化的原因。因此，本书分有三编，上编描述"近百年中国史学的前期"，中编是"新史料的发现和研究"，而下编则是"近百年中国史学的后期"，这里的从"前"到"后"，也即从旧到新，一目了然，不用多说。而中编则至为关键，表现了顾颉刚对这一转化原因的解释。很显然，在他看来，史料的发现与研究，是促成中国史学进化的主因。他在引论中写道，"五四"运动以后，"西洋的科学的治史方法才真正输入，于是中国才有科学的史学可言。在这方面，表现得最明显的，是考古学上的贡献"。而考古学的贡献，正如他在后面写道，是在于发现新史料。新史料的发现，"一方面可以补充过去史籍的不备，一方面却又决定了后期史学的途径"。由此，我们可以清楚地看出，在顾颉刚眼里，后期史学的进步，主要表现为科学方法的运用，而科学方法运用之成效，在于发现和扩充了史料。值得注意的是，顾颉刚虽然将中国史学的科学化主要归功于西洋的科学治史方法的输入，但同时也注意到中国传统中的金石学和碑志学的研究。在他看来，西洋史学的影响，主要表现为帮助中国学者完善其治史的方法，而没有完全取代以往的成就。因此他的史学观，也表现了"五四"民族主义文化观的复杂特征。

在顾颉刚眼里，现代史学不仅应当是科学的，而且应该是大众的。作为一名史家，他的这种视野是难能可贵的。在本书的末编第四章里，顾颉刚专门讨论了"俗文学史与美术史的研究"，而且认为这些研究，都会有助于史家了解历史的多种方面。他在讨论了胡适、鲁迅和郑振铎等人的小说史研究之后写道："旧小说不但是文学史的材料，而且往往保存着最可靠的社会史料，利用小说来考证中国社会史，不久的将来，必有人从事于此。"在这里，他不仅认为小说能成为可靠的史料，而且预测社会史的研究，会在将来受人重视。如果说本书在反映了"五四"时期的文化观念之外，还有什么超前于那个时代的认识，那么这一段话，就是一个很好的例子。

最近十多年来中国史学的发展，不仅在史料的开发上，有了更明显的进步，而且史家的视野，也愈益扩大。社会史的研究，因此而成为主流，并且还有日益深化之趋势。顾颉刚的《当代中国史学》，虽然写于多年以前，但其视野和见识，则仍让我们在掩卷之余，含英咀华，回味隽永。也许，这就是名作之价值吧。

王晴佳

凡　例

（一）本书近百年的断代，以作者卒年为准。有时为叙述方便起见，其卒年不在百年范围内者，亦加略述，但以超过不远为限。

（二）本书有时为方便于叙述起见，一书或同见于两节中，如傅乐焕先生的《宋辽聘使表》，既见于断代史研究节中，复见于旧形式的撰述节中。

（三）本书本临文不讳之例，虽作者师友亦均称名，今人则加"先生"二字。

（四）本书所叙作者不用其笔名，即以笔名显于世者亦均用其本名，以期统一。

（五）本书所用年代，俱为中国纪元；其有关于国外者方用西纪。

引　论

　　从今年（民国三十四年）逆数一百年，是清代道光二十五年，即公元一八四五年。那时中国在外交上，刚缔结了第一个不平等条约——《南京条约》；在国内，太平天国的革命运动正在萌芽。此后的中国，便开始遭受着狂风暴雨的袭击，我们的国家，就在这狂风暴雨之中，作猛烈的挣扎；到今年，终于获得了最后的胜利：中国的历史，从此又将走入一个新的阶段。在这新旧交替的当儿，我们回顾过去一百年中的中国文化，不禁感慨系之：这一百年中，中国人虽不能说绝无进步，但是进步得这样的慢。一百年前，我们对于西洋的文化，望尘莫及；一百年后，我们的文化，仍是迂缓地随在人家的后面，与别人家比较起来，依旧相去很远，我们真觉得对不起我们的祖宗。

　　但是，话说回来，这一百年之中，我们各部门的文化，也有比较进步迅速的，史学便是其中的一门，而且是其中最有成绩的一门，我们在现在——这新时代开始的时期，对于百年中最有成绩的学术——史学来作一个总结算，怕不是件没意义的事吧！

这百年来的史学，可以分作前后两期，大致民国成立以前为前期，民国成立以后为后期。前期的史学界，学者们依然走着过去的大路，继续前此学者的工作，对历代正史，加以补作或改作，对历代正史的表志，更用心地加以补充或修订，同时那时的史学界，还有三种新的趋势，就是：一、金石学的考索，二、元史和西北边疆史地的研究，三、经今文学的复兴。

金石学的考索，一方面固然是继承宋人的余绪，另一方面，却也是乾嘉汉学的支流，那时研究经学的人亟于获得实证，古器物学和古文字学，就都渐渐地展开了。元史与西北边疆史地，有着不可分的关系。元史的研究，是继承前此的成绩；西北边疆史地的研究，一方面固由于元史研究的影响，一方面又由于西北边事的紧急，许多学人要求获得实际的知识，以资应用；又要求获得历史的知识，以明彼此强弱的积因。经今文学的复兴，是乾嘉汉学迷信汉人的一大反动，要求直接得到春秋战国时的经籍的原本，并直接看到春秋战国时的人物的面目；虽然他们所求到的，并不是真正的原本，所看到的，也并不是真正的面目，但终比从前人前进了一步。

后期的史学，方向更多，大要言之，除继承前期的成绩，加以发展外，又多出：一、考古学和史前史的研究，二、中外交通史和蒙古史的研究，三、敦煌学的研究，四、小说、戏曲、俗文学的研究，五、古史的研究，六、社会史的研究。这六项当中，社会史的研究成绩较少，我们将并在"史籍的撰述和史料的整理"一章中叙述，不另列一类了。

后期史学的面目，是颇为新颖的。它所以比前期进步，是由于好几个助力：第一是西洋的科学的治史方法的输入。过去的乾嘉汉学，诚然已具有科学精神，但是终不免为经学观念所范围，同时其方法还嫌传统，不能算是严格的科学方法。要到"五四"运动以后，西洋的科学的治史方法才真正输入，于是中国才有科学的史学可言。在这方面，表现得最明显的，是考古学上的贡献；甲骨文和金文经过科学的洗礼，再加上考古学上的其他发现，便使古代文化的真相暴露了出来。此外如新的考据论文，多能揭发各时代历史的真相，而史料的整理，也比从前要有系统得多。这都是科学方法之赐。第二是西洋的新史观的输入。过去人认为历史是退步的，愈古的愈好，愈到后世愈不行；到了新史观输入以后，人们才知道历史是进化的，后世的文明远过于古代，这整个改变了国人对于历史的观念。如古史传说的怀疑，各种史实的新解释，都是史观革命的表演。还有自从所谓"唯物史观"输入以后，更使过去政治中心的历史变成经济社会中心的历史，虽然这方面的成绩还少，然也不能不说是一种进步。第三是新史料的发现。在近百年中，新史料发现很多，一方面可以补充过去史籍的不备，一方面却又决定了后期史学的途径。这批史料，主要的是：各地发现的史前遗物，安阳出土的甲骨文，各地出土的古铜器，西北发现的古代文物，内阁大库与军机处保存的档案，与新出现的太平天国史料。这许多新史料，给予后期史学的影响，是非常巨大的。第四是欧美日本汉学研究的进步。近来欧美日本学者对于汉学的研究，极有贡献，他们的成绩传入中国，很与国内学者以刺激，使中国的史学也随之而进步。这在中西交通史和蒙古史的研究上，最有帮助。第五是新文学运动的兴起。这是使小说、戏曲、俗文学研究兴起的主要原因。

中国史学进步最迅速的时期，是"五四"运动以后到抗战以前的二十年中。这短短的一个时期，使中国的史学，由破坏的进步进展到建设的进步，由笼统的研究进展到分门的精密的研究，新面目层出不穷，或由专门而发展到通俗，或由普通而发展到专门；其门类之多，人材之众，都超出于其他各种学术之上。这并不是我们随意瞎吹，大家只须去查一查近人著述和论文的目录或索引，便可明白了。

兹为方便起见，把近世前后两期史学的关系，列表如次：

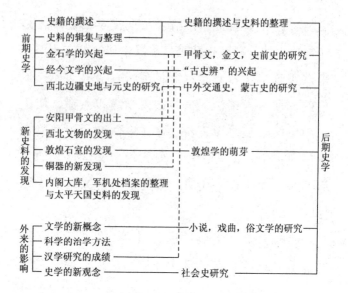

上　编
近百年中国史学的前期

第一章
史籍的撰述

第一节　当代史的撰述

　　史学本来以现代为重要，治明史的人常感觉到野史太多，而治清史的人却常感到野史太少。在近百年中，其局部纪述现代史事的，有魏源《圣武记》十四卷。源观察力极为锐敏，组织力亦颇高，书中所述虽有失实，但在这一个时期中，却不得不算是一本很好的著作了。其《自序》有云："荆、楚之南有积感之民焉，生于乾隆征楚苗之前一岁；中更嘉庆征教匪征海寇之岁，迄十八载，畿辅靖贼之岁始贡京师；又迄道光征回疆之岁，始筮仕京师。京师掌故海也，得借观史馆秘阁官书及士大夫私家著述故老传说，于是我生以后数大事，及我生以前上迄国初数十大事，磊落乎耳目，旁薄乎胸臆，或涉兵事，或不尽涉兵事，有得即书，未遑著述。"由此，知源对史料的搜集是颇费苦心的。

太平天国的兴起和灭亡，是中国近代史上的一件大事，而记述曾国藩、李鸿章等用兵始末的，有王闿运《湘军志》十六卷。闿运曾佐曾国藩幕，然系文人，缺乏史德，对于史实往往以爱憎为颠倒，常有故意歪曲的地方。郭昆焘、嵩焘弟兄，曾经逐条签驳，著《湘军志评议》，这部书的不可信任由此可见了。但闿运文学修养极好，故其书文采斐然，称誉的人仍然极多，且称为唐后良史第一。

《湘军志》的曲笔既为当时所不满，且其书中对曾国荃的战绩完全加以抹杀，乃由国荃命王定安更为之。定安为曾国藩弟子，与国荃及李鸿章均熟识，对于湘军、淮军的战绩，耳闻目见，知道得尤为清楚，在史料收集上，亦曾费很大的苦心。其《自序》中说："及壮，佐曾文正公戎幕，从今宫太保威毅伯游者二十余年，湘中魁人巨公什识八九，其他偏裨建勋伐者不可胜数，东南兵事，饫闻而熟睹之久矣。其后宦游天津，稍习淮军将帅，而湘阴左文襄公及今陕甘总督茶陵谭公、新疆巡抚湘乡刘公，抄录西北战事，累百数十卷，先后邮书见畀。最后从云贵总督新宁、湘乡两刘公家，得其奏章遗稿，于是又稍知滇黔越南轶事。自咸、同以来，圣主之忧勤，生灵之涂炭，将帅之功罪，庙谟之深远，上稽方略，下采疆臣奏疏，粲然毕具；而故老之流传，将裨幕僚之麈谭，苟得其实，必录焉；其或传闻异辞，疑信参半者，宁从阙疑，非真知灼见，不敢诬也。"其书名《湘军记》，凡二十卷。论断叙述，亦颇公平。在史学上的价值，似较《湘军志》为胜。

在这个时期中，历史著述除上列三书外，更有李元度《国朝先正事略》二百卷、朱孔彰《中兴将帅别传》三十卷。元度书虽自具别裁，然所述颇为简略，孔彰书亦然。

第二节　旧史的补作与改作

陈寿《三国志》写作极为谨严，但其以吴、蜀并列，而尊魏为正统，在当时已经为习凿齿所不满。凿齿所撰《汉晋春秋》，即以蜀继汉；及司马光作《通鉴》，用陈寿之例，以魏纪年；朱熹作《纲目》，则又以昭烈帝接汉统，尊习氏的说法。对《三国志》加以改作的，宋有萧常的《续后汉书》，元有郝经的《续后汉书》，均以蜀为正统。在近百年中，与萧、郝抱同样见解而改造旧史的，有汤承烈《季汉书》九十卷。书未刊行，莫友芝极为称赏，谓其对表、志尤为用力，凡七易稿乃成。《三国志》虽嫌简略，裴松之的注却采摭极博，后人修改三国史事的，要超过陈志裴注，当然是不可能的事。萧、郝二人，目的在正闰之争，所注重在书法，对于史实本不十分重视。承烈的书，莫友芝谓其详核过于萧、郝；陈寿书无表、志，而承烈于此用力极勤，亦为特识。

今本《晋书》，因臧荣绪旧本改撰而成，其书不尽满人意。此期中周济作《晋略》六十卷，凡本纪六、表五、列传三十六、国传十一、汇传七、序目一。包世臣特为推许，谓："分散故籍，事归一线，简而有要，切而不俚，抉得失之情，原兴衰之故，贬恶而不没善，奖贤而不藏匿，大之创业垂统之猷，小之居官持身之术，不为高论，不尚微言，要归于平情审势，足以救败善后，非典午之要删，实千秋之金鉴。"魏源复评其书，谓为："以寓平生经世之学，遐识渺虑，非徒考订笔力过人。"济书之价值，由此可以推知了。

五代史有薛居正、欧阳修二书。薛书极为详细，欧书仿《春秋》笔法，挂漏的地方不少。其与梅圣俞书中所说的："间中不曾作文字，只整顿了《五代史》，成七十四卷，不敢多令人知，深思吾兄如何可得，极有义类，须要好人商量。"其所说的义类，如两相攻曰"攻"，以大加小曰"伐"，有众曰"讨"，天子自往曰"征"，自今视之可谓无聊，章学诚评之为"正是三家村学究技俩"。薛、欧二书皆以都于汴京的为骨干，诸国皆阙略，此种见解颇不协于人心。起而正之的，有陈鳣《续唐书》七十卷，以后唐直接承继唐昭宗，列庄宗、明宗、闵帝、末帝于本纪；复以南唐继后唐，列烈祖、元宗、后主于本纪，而以梁、晋、汉、周为世家；十国除去南唐，补入岐王李茂贞，合北汉于汉，是为九世家，与梁、晋、汉、周共为十三世家；列传唐臣称为臣，其他则称诸国臣；琐细的事情则归于表中。凡纪七，表四，志十，世家十三，列传三十六。书无多大长处，徒为正统、闰位的争论而作。而列沙陀于正统，似尤未安。此外梁廷枬有《南汉书》十八卷，吴兰修有《南汉纪》五卷。廷枬、兰修均广东人。廷枬书附有《丛录》二卷、《考异》十八卷、《南汉文字略》四卷，兰修书有《地理志》一卷、《金石志》一卷。南汉建国于粤，此二书实均由其地方观念而作，但亦颇有精审之处。

明、清之际，流传野史极多，但经清政府的禁毁，加以文字狱大兴，留存者极少。嘉、道以后，文禁不如以往的严密，但时间既相隔较远，材料的搜集颇难，故成书极少。惟徐鼒有《小腆纪传》六十五卷、《补遗》五卷。复有《小腆纪年》二十卷，用纲目体，搜集史料略备。又钱绮《南明书》三十六卷，未刊行，傅以礼曾见之；"南明"一词即为绮所首创。戴望对南明史亦曾用力，欲作《续明史》，惜仅成传数篇。望与傅以礼书说："胜国南烬遗事，二十以前最所留心，丧乱以后辍而不为。"戴氏不永其年，殊为可惜，否则以其精博，所成就的当必有过人之处。

司马光的《资治通鉴》，断于五代，宋以后都有人续作。及毕沅《续资治通鉴》出，较前此各家的著作为胜。毕书仅限宋、元两代，不及明世，盖虑明、清交替时的叙述，有触忌讳。及清中叶，清廷文网渐疏，续毕书而纪述明朝一代大事的，乃有陈鹤《明纪》六十卷，夏燮《明通鉴》一百卷、《义例》一卷、《目录》五卷。陈氏所叙述仅至《庄烈纪》，且未毕。其一部分，及福王、唐王、桂王始末，由其孙克家续成。克家又有《考异》若干卷，未及刊行。燮书凡九十卷，复有前编四卷，纪述明太祖建号以前的史实；《附记》六卷，记弘光、隆武、永历三帝及鲁王事：共为一百卷；且自撰有考异，附入正文每条的下面。陈氏书虽用有杂史多种，大致本于《明史》与《明史稿》；夏书则用及永乐、正德、嘉靖等数朝实录，较陈书略为完备，但二书均有阙漏之点。宋李焘欲续修司马光《资治通鉴》，采北宋一祖八宗一百六十多年的史实，起于太祖的建隆元年，止于钦宗靖康二年，其书极繁，所采史料亦极多，名为《续资治通鉴长编》。其后杨仲良因焘书撰《皇宋通鉴长编纪事本末》一百五十卷。焘书中经散佚，四库馆臣自《永乐大典》宋字韵辑出，中间缺去徽宗、钦宗两朝，及熙宁、绍圣间七年的史实。黄以周与秦湘业即据仲良书以补焘书的缺佚，凡六十卷。于是《长编》全书可以得其梗概。

宋袁枢以司马光《通鉴》每叙述一事，其事实的首尾分在数卷，检查甚难，乃分门别类，每事记其源流，详其首尾，成《通鉴纪事本末》四十二卷。"纪事本末"的一体即由枢所首创。李铭汉仿此体，就毕沅《续通鉴》加以剪裁；书未成而死，更由其子于锴加以续作，后刊行于山东，名《续资治通鉴纪事本末》，凡百二十卷。铭汉僻居西陲，而能以独力为史，其魄力见识均足令人钦佩。

第三节　旧史表志的补订

历代正史不一定均有表、志，表、志俱备的有《史记》、《汉书》、《新唐书》、《宋史》、《辽史》、《金史》、《元史》、《新元史》、《明史》。有志而无表的，有《后汉书》(范晔本未及作志而死，梁人刘昭取司马彪《续汉书》的八志补足之，并自为作注，今本《后汉书》的志即此）、《晋书》、《宋书》、《南齐书》、《魏书》、《隋书》、《旧五代史》、《新五代史》（称考而不称志）。

《三国志》、《梁书》、《陈书》、《北齐书》、《北周书》、《南史》、《北史》，则表、志俱无。此无表无志的七种，与有志无表的九种，其不能谓为完全，自不待论。即有表有志的九种，有待补订的地方也极多。这一部分工作，宋代人已经在开始了。如钱文子的《补汉兵志》一卷、熊方的《补后汉书年表》十卷都是。清儒善于补苴辑校，在这一方面的表现最好，这百年中也有许多是值得称述的。

属于《史记》部分的，有刘文淇《楚汉诸侯疆域志》三卷。楚汉之际，群雄割据，疆域迁变不常，文淇能苦心钩稽，按年月以定其疆界，正其异名，这是一件很不容易的工作。

属于《汉书》部分的，有夏燮的《校汉书八表》八卷、蔡云的《人表考校补》一卷、《续校补》一卷、翟云升的《校正古今人表》一卷。

前此梁玉绳有《人表考》，极为详博，从古籍中将每个人的史实，搜罗得相当完备，可以说是一部古代人名大辞典。云书即是补正梁作的，但所补正的并不多。云升的亦仅略有校正，比起玉绳的书来，真是差得太远了。此外刘光蕡有《前汉书食货志注》二卷，杨守敬有《汉书地理志补校》二卷，徐松有《新斠注地理志集释》十六卷（钱坫撰，徐松集释），汪士铎有《汉志释地略》一卷，《汉志志疑》一卷，陈澧有《汉书地理水道图说》七卷，吴承志有《汉书地理志水道图说补正》二卷。《汉书地理志》为古代地理学上一篇很重要的文字，留意沿革的人莫不详加研究。前此有吴卓信的《汉书地理志补注》一百零三卷，冶数代于一炉，而不仅依傍一史，精博详赡，得未曾有。杨守敬和汪士铎都是专门研究古代地理学的，守敬的《汉书地理志补校》与士铎的《汉志释地》、《汉志志疑》都作得很好。徐松就钱坫的书撰为集释；陈澧的图说，钩稽本志，且参以《水经》郦注，其图汉地、今地并著，均可以说是一部很好的书。其研究《艺文志》的，则姚振宗有《汉书艺文志拾补》六卷、《汉书艺文志条理》八卷，刘光蕡有《前汉书艺文志注》一卷。振宗精于目录学，所著的书很多，《拾补》和《条理》二书，均不愧名作，尤以《拾补》中补充《汉书艺文志》的书籍很多，是十分充实的作品。光赍的书便很疏略。

属于《后汉书》部分的，振宗亦有《后汉艺文志》四卷，曾朴有《补后汉书艺文志》一卷、《考》十卷。晋范晔《后汉书》本无志，司马彪八志中亦无艺文志。前此补作的，有钱大昭《补续汉书艺文志》一卷、侯康《补后汉书艺文志》四卷、顾櫰三《补后汉书艺文志》十卷。大昭书最疏略；侯康书亦颇凌乱，且缺集部；櫰三书本系未定稿。振宗治目录学极精审，所补远较前三书为胜。曾朴书据《后汉书》本传、《隋书经籍志》、《经典释文叙录》，凡有涉于后汉的，均为写出，兼及释、道二藏，分为七志，又与振宗书分为四部的不同。曾朴书成于光绪二十一年，振宗书则成于光绪十五年，前于朴书六年。但据曾朴所作自序，则并未见振宗之书，二人不谋而合，均感前此补艺文志者的不备而为之补苴，并且所成就的都很高。

属于《三国志》部分的，有杨守敬《三国郡县表》，附《考证》八卷（吴增仅撰，守敬补正）。守敬治沿革地理最笃实，成就极高。此外姚振宗有《三国艺文志》四卷。前此已有侯康《补三国艺文志》，亦四卷，而振宗书较善。

属于《晋书》部分的，有钱仪吉《补晋兵志》一卷。正文虽然仅寥寥数千言，而分注极详，一代制度恍然如见。文廷式有《补晋书艺文志》八卷，秦荣光有《补晋书艺文志》四卷，吴士鉴有《补晋书经籍志》四卷，黄逢元有《补晋书艺文志》四卷。各有长处，而廷式之作较善。补表的缪荃孙有《后凉百官表》一卷、《南凉百官表》一卷、《四凉百官表》一卷、《北凉百官表》一卷、《夏百官表》一卷、《北燕百官表》一卷。盖因万斯同《历代史表》仅有汉、赵、后赵、成、秦、后秦、燕、后燕、南燕，加以练恕《西秦百官表》，亦仅十国，乃采《晋书》载记、《太平御览》、姓氏书及金石拓本，以补二人所不逮，实足与前贤相抗衡。

属于《魏书》部分的，有温曰鉴《魏书地形志校录》三卷。曰鉴以《魏志》常有讹误，乃取两汉晋、宋、隋各志，参以《水经注》、《元和郡县志》、

《太平寰宇记》、《舆地广记》、《读史方舆纪要》诸书，更旁参以全祖望、赵一清、洪亮吉诸人的考证，证其疏误，补其阙漏，元魏一朝的幅员乃清楚可见，实可与吴卓信的《汉书地理志补注》比美。此外陈毅有《魏书官氏志疏证》一卷。

　　属于《隋书》部分的，有杨守敬《隋书地理志考证》附补遗九卷。守敬此书稿凡五易，前后历三十年乃成，实为《隋志》的功臣。姚振宗又有《隋书经籍志考证》五十二卷。《隋书》十志皆包括梁、陈、齐、周、隋五代。《经籍志》以隋代官私书目所谓见存者，先录为长编，附以梁代之所有，但其中有见于前复见于后的，注于此复注于彼的，而注文亦多不与本文相维系，皆以意为比附，于撰人时代又每多离合失次，章法殊未能尽善。先于振宗而为书的有章宗源《隋书经籍志考证》十三卷，其稿未全，仅《史部》十三篇而已。振宗此书，适可弥补其缺陷。其采辑几于全备，凡叙一书必详其源流根本，后自加案语，多精确无可移易。梁启超誉为目录学的权威，实非过甚。此外张鹏一亦有《隋书经籍志补》二卷。

此外属于《南北史》的，有汪士铎《南北史补志》十四卷，又有《南北史补志未刊稿》十三卷。属于《宋史》部分的，有王仁俊《西夏艺文志》一卷，附刻于其所辑《西夏文缀》中。属于《辽史》部分的，有缪荃孙《辽艺文志》一卷，附刻于其所辑《辽文存》中。王仁俊《辽史艺文志补证》一卷，附刻于其所辑《辽文萃》中。属于《明史》的，有傅以礼《残明宰辅年表》一卷。

在近百年中，还有一些史学著作，虽然不是补正各史表志，但是专考某一史事，钩稽全史，旁参他书，而使其事昭然若揭，可以与正史相表里，在这里也该带便述及。此类著作有徐松《汉书西域传补注》二卷。松曾以事谪伊犁，因此对西域史事地理均极为留心，除此书外更有《西域水道记》五卷、《新疆赋》一卷、《新疆识略》十二卷（代松筠撰），此书博采他书，更证以本身的见闻，后来王先谦《汉书补注西域传》部分几乎是全采此书。松又有《唐两京城坊考》五卷、《唐登科记考》三十一卷。松精研两《唐书》，《全唐文》的纂录即出其手。此两书除正史外更参以笔记碑铭，为研究唐史的权威之作。劳格有《唐郎官石柱题名考》二十四卷、《唐御史台精舍题名考》三卷。所搜采的材料亦均很完备。

第四节　学术史的撰述

旧史中的儒林传与艺文志，对于学术的派别源流均略有所叙述，但在正史中仅占有很小的地位。唐、宋以还，佛教昌盛，有《佛祖统载》、《传灯录》等书。其后儒家也渐加仿效，于是有朱熹的《伊洛渊源录》等学术史专著，乃从此开其端。清初黄宗羲有《明儒学案》六十二卷，及其未成书而由全祖望续成的《宋元学案》一百卷，规模较大。在近百年中，有唐鉴《清学案小识》十五卷。前此已有江藩的《汉学师承记》及《宋学渊源记》。《汉学记》较善，《宋学记》则脱略殊甚。鉴书视藩书差详，但主观见解极深。其书分《传道》、《翼道》、《守道》三案以分别其高下，又别设《经学》、《心学》两案以表示排斥的意思。盖纯为争道统而作，无足观取。又戴望有《颜氏学记》十卷，专叙一学派的源流分布，对颜元学术上的成就，叙述得颇为详明。阮元的《畴人传》四十六卷，罗士琳的《续畴人传》六卷，诸可宝的《畴人传》三编七卷，对历代天算学的渊源流别，加以叙述，为此期中别开生面的著作。

第五节　谱牒与方志

章学诚在其《文史通义》中曾经有过这样的意思，他以为方志是一方的历史，族谱家谱是一族一家的历史，年谱是一个人的历史。其中尤以年谱为最重要，因为伟大的历史是常由一个人造成的。我们不能想象无拿破仑，无瓦特，欧洲的历史究竟成个什么样子，欧洲历史如此，我们的历史上亦何独不然。故名人年谱实较地方志及族谱、家谱尤为可贵。

年谱兴于宋朝，如薛执谊的《六一居士年谱》、洪兴祖的《昌黎先生年谱》都是。其体例可分为三种：

第一种是谱主自撰的。此种年谱最为可贵，因其出于自道，必有为他人所不能道的，固然自道之作总有令人不尽满意之处，然仍为一绝好的史料。此种年谱明代仅见，前此未闻，清代则特盛。在近百年中，有：梁章钜《退庵自订年谱》一卷、徐鼒《敝帚斋主人年谱》若干卷、王先谦《葵园自订年谱》三卷。徐鼒谱极诚朴有趣。先谦为晚清有名学者，所校订编刻的书极多，此谱下半即述其编书刻书的经历。第二种为其朋友、子弟、门生所作。此种年谱价值也很高，因为作谱的人对谱主极为接近，对其生活经历也知道得非常清楚，其史料价值总是极为可贵。只是此类年谱，多不免阿谀溢美之辞而已。在近百年中，也有一些是很好的，如阮长生《阮尚书年谱》二十四卷，蒋彤《养一子年谱》三卷，管庆祺、戴望《陈硕甫先生年谱》一卷，李瀚章、黎庶昌等《曾文正公年谱》十二卷。《阮尚书年谱》谱主阮元为清中叶经学和金石学的领导者，此谱为其子所作。《养一子年谱》谱主李兆洛，为有名的地理学者；《陈硕甫先生年谱》谱主陈奂，为有名的经学家；《曾文正公年谱》谱主的文章政治尽人皆知：此三谱皆其门生所作。谱主既为不可磨灭的人物，作谱的人又为其子弟与门生，且或为极有名的学者，故可说是本期的佳著。第三种为后人补作或修改昔人所作的年谱。此种年谱作时极为困难，因作谱者与谱主的时间相隔太远，或虽不过远，而与谱主并无密切的关系，由是作谱的人仅能在谱主所遗留之文字记载中，去苦心地钩稽史料，因此在著作上很难得到谱主的真相。但清儒在考证学上极有本领，此种年谱实能充分表现其寻取真相的精神。在近百年中有：丁晏《郑康成年谱》一卷、《陈思王年谱》一卷、《陶靖节年谱》一卷、《陆宣公年谱》一卷、赵之谦《张苍水年谱》一卷、张穆《顾亭林年谱》四卷、《阎潜邱年谱》四卷、江标《黄尧圃年谱》二卷、吴昌绶《定庵先生年谱》一卷、缪荃孙《徐星伯年谱》一卷。《张苍水年谱》旧有一本题全祖望撰，之谦力辨为伪作，其所改撰的年谱极善。张穆二谱，以《顾谱》为善，远胜旧作。吴昌绶书初本程秉钊创稿，仅得十几条，以授之于陈昌绅，又得若干条，又以授于昌绶，方撰成今谱。

更有其体裁极近于年谱而实非年谱的，今附于此。有魏源《孔子编年》一卷、《孟子编年》一卷，林春溥《孔孟年表》二卷，孙诒让《墨子年表》

一卷。

　　方志之作，古已有之，其见于《隋书·经籍志》的，如冀、幽、齐三州图经、常璩《华阳国志》、陈寿《益都耆旧传》、圈称《陈留风俗传》等。虽无方志的名称，但分地记载其风土人物，实即等于后世的方志。自宋以后始有正式的方志出现，如《咸淳临安志》、《嘉泰会稽志》等犹存于今。自清以来，凡文化较高的地方，其长吏、士绅莫不以修志为事。但今存方志，十之八九皆由地方官奉行故事，开局纂修，徒位置冗员，钞撮陈案，殊不足以语于著作之林。注意方志编纂方法的，实自乾隆中叶始。李文藻的《历城》、《诸城》两志，全书均纂集旧文，不自著一字，以求绝对的征信。后谢启崐修《广西通志》，首列叙例二十三则，遍征旧作，舍短取长，说明所以因革的缘由，而认修志为著述大业。然真能说明方志的意义的，只有章学诚。前此之为方志的，皆为图经的概念所囿，以为仅一地之地理书而已。学诚则谓方志必立三家之学，仿正史纪传的体例而作志，仿律令典例的体例而作掌故，仿《文选》、《文苑》的体例而作文征；三书相辅而行，缺一不可。其晚年总湖北通志局事时，即实行其理想，分为《湖北通志》、《湖北掌故》、《湖北文征》三书。可惜为人掣肘，不终其事，仅有副本一部分流传至今。在近百年中，方志之佳者有：阮元《嘉庆浙江通志》、《道光广东通志》三百三十四卷卷首一卷，陶澍《嘉庆安徽通志》，李兆洛《嘉庆凤台县志》十二卷及《嘉庆怀远县志》(董士锡续成)，林则徐《道光湖广通志》(俞正燮为总纂)，张澍《道光兴文县志》、《道光屏山县志》、《道光大足县志》、《道光泸溪县志》，吴荣光《道光南海县志》，方履籛《道光河内县志》三十六卷、《道光永定县志》、《道光武陟县志》三十六卷，黄培芳、曾钊《道光新会县志》十四卷，莫友芝、郑珍《咸丰遵义府志》四十八卷，陈澧《同治番禺县志》，冯桂芬《同治苏州府志》一百五十卷序图一卷卷首三卷，陆心源《同治湖州府志》、《归安县志》五十二卷，黄彭年《光绪畿辅通志》三百卷卷首一卷，郭嵩焘、李元度《光绪湖南通志》二百八十八卷，何绍基《光绪安徽通志》三百五十卷《补遗》十卷，郭嵩焘《光绪湘阴县图志》三十四卷卷首一卷卷末一卷，王闿运《光绪湘潭县志》十二卷、《光绪衡阳县志》、《光绪桂阳县志》，李慈铭《光绪绍兴府志》、《光绪会稽新志》，缪荃孙《光绪湖北通志》、《光绪顺天府志》一百三十卷附录一卷、《光绪荆州府志》、《光绪昌平县志》，王树枬《宣统新疆图志》一百十六卷。

第六节　地理学的著述

中国地理学本为历史的附庸，正史中多有地理志或地形志。即使有几种史是根本无表志的，或虽有志而无地理志的，清代的学者在这一方面所作的工作，大致都能够把这种缺陷弥补起来。这在前面第三节正史表志的补订中已经加以叙述，兹从略。

清代学者嗜古成癖，一切学问均倾向于考古的方面，故地理学亦为历史的地理学。除一部分关于边徼地理的著述或游记外，大都是关于历史地理的著作。边徼地理留待以后专章讲述，历史地理可分为三类。

郡县的建置，每代均有革易，名称极为纷乱，读史的人多以为苦。地图亦为读史者所不可缺的工具，近百年中，此类著述有李兆洛《历代地理志韵编今释》二十卷、《皇朝地理韵编》二卷、《历代地理沿革图》一卷、《皇朝一统舆图》一卷（共二十二幅）。《地理志韵编今释》依韵编为类书，搜罗虽仅限郡县，然参考检查极为便利。《地理沿革图》颇简略，远不如杨守敬《历代地理沿革图》的详确，但图用贾耽之法，以朱墨套印，开卷了然，故后之制沿革图的均仿效之。此外杨丕复的《舆地沿革表》十四卷，颇便检阅。先于此者，有陈芳绩的《历代地理沿革表》四十七卷，惟前书系以地名为经，朝代为纬，由今以迄古，后书反是，而其功用则相同。杨守敬有《历代地理沿革总图》七十一篇（一作《历代舆地沿革险要图》）。守敬本为著名地理学者，此书为综合其研究考证的心得而作，其绘制之精确，篇幅之宏巨，实属本期不可多得的佳著。

郦道元《水经注》是地理学的名著，清代学者在这本书上费的力量最深，有全祖望、赵一清、戴震三家校本。由赵一清书中知前此治《水经注》的，更有钱曾、黄宗羲、孙潜、顾炎武、顾祖禹、阎若璩、黄仪、刘献廷、胡渭、姜宸英、何焯、沈炳巽、杭世骏、齐召南诸家，此学之盛可知。在近百年中，治此学的有汪士铎著《水经注提纲》、《水经注释水》及《水经注图》二卷。前二书皆未刊行，《水经注图》则系因黄仪的图而作，仅于每水各写一图，士铎图足以补其不备。陈澧有《水经注西南诸水考》三卷。澧于地理学功夫本极深，此书以注记东北诸水详而确，西南则略而讹，故补正之，考证详博，厥功至伟。王先谦有《水经注笺》四十卷，卷首卷末各一卷，附录二卷，综集各家校本而成，检索极便。杨守敬以毕生之力为《水经注疏》，以无力全刻，乃为《水经注要删》四十卷，图四十卷，补一卷，其书颇是朱谋玮，而不直赵一清与戴震，谓"此书为郦氏原误者十之一二，为传刻之误者十之四五，为赵、戴改订致误者为十之二三"。守敬卒后，书尚未完，其门人熊会贞赓续其业，成《要删补遗》四十卷，《注疏》八十卷，亦写成定稿。成稿之日，会贞自刭而死，其笃于师生之谊如此。闻其书已售于"中央"研究院历史语言研究所，将谋为之刊行。守敬实集清代三百年来《水经注》研究的大成，其专心致志真可惊也。

清代治先秦地理学的，虽不如前两类的蓬勃，然亦颇不乏佳著，如阎若璩的《四书释地》、胡渭的《禹贡锥指》、蒋廷锡的《尚书地理今释》都是。在近百年中，有朱右曾《诗地理征》七卷、《左传地理征》二十卷。右曾治先秦古籍颇矜慎，二书考订均极详确。又有程恩泽《国策地名考》二十卷，远较张琦《战国策释地》为博瞻。更有顾观光的《七国地理考》，不但详备，且每多论述战国史可贵的见解。

第二章
史料的整理与辑集

第一节　当代史料的整理与结集

　　唐以后历代均有实录。每帝崩殂之后，必由继立的人加以修撰，相沿成为定制，亦为国史的蓝本。清修实录，规定缮为五分，每分各具满、蒙文一部，大本红绫面的两分：一存于皇史宬，一存于奉天崇谟阁；小本红绫面的两分：一存于乾清宫，一存于内阁实录库；又有小本黄绫面的一分，亦存于内阁实录库，以为讲筵之用。然此诸本均藏于中秘，不是外面轻易看得见的，必须入国史馆供职方能得见。蒋良骐于乾隆三十年任国史馆纂修，据实录红本，成《东华录》十六卷，由天命至雍正。在近百年中整理这一项史料的，则王先谦有《东华录》二百卷、《续东华录》四百十九卷，朱寿朋有《光绪朝东华续录》。先谦于光绪初入史馆，援例绎乾隆以后各朝，为蒋良骐书的续编，至同治末为止，其中咸丰一朝凡六十九卷，为潘颐福所编；又以良骐书过于简略，复自天命至雍正，录之加详，成《东华录》、《东华续录》二书，总称《十一朝东华录》。但良骐所据的为初纂实录，非乾隆以后改订之本，故其书虽简略，但所纪的事有出于先谦书以外的。朱寿朋续书，范围较广，其时《光绪实录》尚未着手纂修，乃杂录各书及报纸而成。

我国国史，自唐代以后，例为官修。清代在天聪初年设文馆，旋改为内三院：国史、秘书、宏文。入关以后，改三院为内阁，设翰林院，以国史馆作为附属，掌修国史，其体为本纪、传、志、表。书终清代无成，但也有为馆臣所钞刊而留传的：《国史贤良祠王大臣传》一卷、《国史文苑传》一卷、《国史循吏传》一卷、《满汉大臣列传》八十卷。此等由史学上言之均无甚价值，但仍为有价值的史料。

利用传记的有钱仪吉的《碑传集》一百十六卷、缪荃孙的《碑传续集》八十六卷及闵尔昌的《碑传集补》。仪吉书所采集的除碑、版、状、记之文外，更旁及于地志杂传，以时间、官爵、事实排比之，所录甚备，书成于道光间，故所采仅至嘉庆朝为止。荃孙续书，与前书体例一样；尔昌所补亦然。

清代政典的撰集，多出于皇室，如乾隆三十二年所撰的《清通典》《清通志》二百卷，十二年所撰的《清通考》二百六十六卷是。馀如《皇舆表》、《职官表》、《职贡图》、《授时通考》、《赋役全书》、《大清通礼》、《宫史》、《八旗通志》、《盛京通志》、《大清一统志》、《六部则例》等，此等亦可备参考。其包括较广的，当为光绪二十五年所续修的《大清会典》诸书：《大清会典》一百卷，《会典事例》一千二百二十卷，《会典图》二百七十卷。

第二节　正史的补注与校订

清代学者对于历代正史所下的功夫很深，其有关表志补作与校订的，已详见本书第一章第三节，兹不赘论。在近百年中，对于整部书作校订与补注的，《汉书》方面周寿昌有《汉书注校补》五十六卷，王先谦有《汉书补注》一百卷。清代学者，研习《汉书》最为精审，先于此者，有钱大昭的《汉书辨疑》二十二卷、沈钦韩的《汉书疏证》三十六卷。寿昌究心班书有年，所成较钱、沈二家为善。先谦为寿昌门人，采录各家的成果，勒为一编，用力三十余年，其书方成，对治《汉书》的人方便不少。

《后汉书》方面寿昌又有《后汉书注补正》八卷，先谦则有《后汉书集解》一百二十卷。《后汉书》在清代研习的人亦不少，钱大昭有《后汉书辨疑》十一卷、《续汉书辨疑》九卷，沈钦韩有《后汉书疏证》二十卷，惠栋有《后汉书补注》二十四卷，栋书最为精审。先谦于栋极为敬服，而憾其与唐李贤注别行，无人为之合并，《集解》之作即由于此。然先谦书于栋注外殊少精义，且脱漏亦颇多，远不如其《汉书补注》的详慎。《集解》每卷均附有其门人黄山的校补。

《三国志》方面，梁章钜有《三国志旁证》三十卷，周寿昌有《三国志注证遗》四卷。二书均颇简漏，远不如赵一清《三国志注补》的精善。

《晋书》方面，吴士鉴有《晋书斠注》一百三十卷。用裴松之注《三国志》的方法，取诸家杂记类书，以比勘其异同，所采至为完备。书虽署名与刘承干同撰，实不过因承干任刊刻的费用，故列其名而已。

《新唐书》方面，唐景崇有志为《新唐书注》，其与《旧唐书》有异同的，皆加以考辨，复杂取唐人故书杂记入注。成稿过半，唐氏旋殁，其事因而中断，今所刊的，仅本纪注十卷。

《明史》方面，王颂蔚有《明史考证攟逸》四十二卷，颂蔚初任军机处行走，因就军机处值房所藏《明史考证》稿，为之删略增补，乃成是书，考证颇为精慎。《补遗》一卷，则其子季烈所作。

第三节　旧史料的辑佚

书籍经过累代的灾厄，随时都有散亡，辑佚之学即由此而兴。其初本为汉学家治经之用，后更及于史部，所成就极人。

　　近百年中，对于史料作大规模辑佚的，有汪文台、汤球两人。

　　汪文台有《七家后汉书辑本》，即谢承《后汉书》八卷、薛莹《后汉书》一卷、司马彪《续汉书》五卷、华峤《后汉书》二卷、谢沈《后汉书》一卷、袁山松《后汉书》一卷、张璠《汉记》一卷、佚名氏《后汉书》一卷。汤球有《汉晋春秋辑本》、《晋阳秋辑本》、《晋纪辑本》、《晋书辑本》、《三十国春秋辑本》即习凿齿《汉晋春秋》三卷、杜延业《晋春秋》一卷、孙盛《晋阳秋》三卷、檀道鸾《续晋阳秋》二卷、干宝《晋纪》一卷、陆机《惠帝起居注》一卷、曹嘉之《晋纪》一卷、邓粲《晋纪》一卷、刘谦之《晋纪》一卷、臧荣绪《晋书》十七卷、《补遗》一卷、王隐《晋书》十一卷、虞预《晋书》一卷、朱凤《晋书》一卷、谢灵运《晋书》一卷、萧子云《晋书》一卷、萧子显《晋史草》一卷、史约《晋书》一卷、何法盛《晋中兴书》一卷、《晋诸公别传》七卷、萧方等《三十国春秋》、武敏之《三十国春秋》、常璩《蜀李书》、和苞《汉赵记》、田融《赵书》、吴笃《赵书》、王度《二石传》、范亨《燕书》、车频《秦书》、王景晖《南燕书》、裴景仁《秦记》、姚和都《后秦记》、张咨《凉记》、喻归《西河记》、段龟龙《凉记》、刘昞《敦煌实录》、张诠《南燕书》、高闾《燕志》，此外更有《十六国春秋纂录》十卷、《校勘记》一卷、《十六国春秋辑补》一百卷。文台、汤球所辑均极为精慎，尤以汤球所辑，内容的广泛与详密实为前此所未有。

　　汪文台、汤球两家外，更有张澍《宋衷世本注》五卷。《世本》为司马迁《史记》的蓝本，《汉书艺文志》著录十五卷，宋代的郑樵、王应麟对其书尚有征引，则其散佚当在宋、元之际。先于张澍而辑《世本》的很多，秦嘉谟所辑为十五卷，似最为丰赡，但其将《史记》世家、《左传》杜注、《国语》韦注凡涉及世系的，均归于《世本》，可信的程度实在很低。张澍所辑则最为翔实。澍，甘肃武威人，其所辑录的凉土文献亦极多，有赵岐《三辅决录》二卷、《辛氏三秦记》一卷、袁郊《三辅旧事》一卷、《三辅故事》一卷、刘昞《十三州志》一卷、刘昞《敦煌实录》一卷、《凉州异物志》一卷、《西河旧事》一卷、喻归《西河记》一卷、段国《沙州记》一卷。

澍所辑偏于雍、凉，更有曾钊所辑录的则尽属交、广。钊，广东南海人，辑有《杨议郎著书》一卷（即杨孚《交州异物志》）、《异物志》一卷、《交州记》二卷、《始兴记》一卷。严可均、缪荃孙所辑则偏在吴越。可均，浙江乌程人；荃孙，江苏江阴人。可均辑有周处《风土记》一卷、张元之《吴兴山墟名》一卷、山谦之《吴兴记》一卷、沈怀远《南越志》二卷。荃孙辑有张元之《吴兴山墟名》一卷、山谦之《吴兴记》一卷。较可均尤缜密。

以上所论诸家，其辑书均以唐宋间类书为总资料，下及六朝、唐人的史注。但初期的辑佚则仅在《永乐大典》。《永乐大典》本为最拙劣的类书，其书以《洪武韵目》按字分编，其体例芜杂可笑。但古书赖以保存的却不少。书初存于内府，后更移存于翰林院，清代从此辑出的书很多，即以《四库全书》中所辑录的而论，合《存目》计算凡三百七十五种，四千九百二十六卷，其数量实至为惊人。在近百年中，从《大典》所辑出的书，有徐松《宋会要稿》

三百六十六卷。明初纂修《大典》时，将《宋会要》史事分隶各韵之下，有《国朝会要》、《续会要》、《乾道会要》、《中兴会要》、《光宗会要》、《宁宗会要》、《政和会要》七种，亦有仅称《宋会要》的。嘉庆十四年，徐松入全唐文馆任提调兼总纂官，时《大典》已佚去一千多册，但所存的尚有十之八九。徐松签注《大典》时，凡遇有《宋会要》，均用纸标以"全唐文"三字，所得有五六百卷，松未及整理而卒。后其稿流落于北平琉璃厂书肆，为缪荃孙所得，后更为广雅书局所有，仅刊有职官一门，原稿复为王秉恩所藏匿。民国四年，刘承干复购自王氏。二十年，复由北平图书馆购回，由大东书局影印，书共二百册，为研究宋史所不可缺的重要史料。

第四节　古史史料的整理

我国的历史发源很早，甲骨文中已经有史字。甲骨文虽然大部分是贞卜的记录，但也有记事文字和典册的出土。例如"中央"研究院历史语言研究所在殷墟发掘所得，曾有一块骨版，上面没有钻灼的痕迹，和以后的典册一样，仍然用"王若曰"三字开始。这一些贞卜文字记事文字与典册全是殷代的史籍。周代人却很喜欢把他们的历史记录在铜器上。《墨子·鲁问篇》所说的"攻其邻国，杀其民人，取其牛马粟米货财，则书之于竹帛，镂之于金石，以为铭于钟鼎，传遗后世子孙"，可为证明。书之于竹帛的，因为易于腐坏，故很难保存，《尚书》、《春秋》、《左传》、《国语》、《逸周书》、《纪年》、《战国策》、《世本》诸书，是幸而留传着的，经过几千年的辗转钞写，有许多讹误的地方，清代学者在这几本书的校订上已费了很大的功夫。属于近百年的，有简朝亮《尚书集注述疏》三十五卷、孙诒让《尚书骈枝》一卷。自伪《古文尚书》案定谳以后，很需要一部新疏。一时兴起的，有江声、王鸣盛、段玉裁、孙星衍四家，以星衍的《尚书今古文注疏》三十卷为最善。朝亮即本四家之书而续为补辑，所著不甚详博。诒让书在训诂方面的贡献很大。刘文祺有《左传旧注疏证》八十卷。文祺为学极博瞻而矜慎，其书草创四十年，长编已具，未成而卒。其子毓崧、孙寿曾、曾孙师培续作，亦未成，尚缺昭、定、哀三世。林春溥有《战国纪年》六卷，对于《战国策》曾略作研究，校正《通鉴》错误的地方不少。顾观光有《国策编年》一卷，是专对国策作年代考订的。朱右曾有《逸周书集训校释》十卷，何秋涛有《逸周书王会篇笺释》，孙诒让有《周书辑补》四卷，对于《逸周书》有不少发明。朱右曾有《汲冢纪年存真》一卷，王国维有《古本竹书纪年辑校》一卷、《今本竹书纪年疏证》二卷。《纪年》佚于两宋之际。今本《纪年》两卷乃元、明人搜辑，复杂采《史记》、《通鉴外纪》、《路史》诸书而成的。清代学者关于此书的考订很多，以陈逢衡的《竹书纪年集证》为最详赡。国维所辑晚出而最谨严，稍涉疑似的，均不为之阑入，较右曾及诸家书为精审。先此雷学淇有《竹书纪年义证》四十卷、《竹书纪年考订》六卷、《辨误》一卷、《考证》一卷，虽然用今本《纪年》来疏证，却已能用群书所引的古本来校订，他用《纪年》来校订《史记》战国史部分的错误，已有很好的成绩。

第三章
金石学的兴起与研究

第一节 碑志学的结集与研究

在清代早期的金石学著述里，著录的多偏于碑志而略于鼎彝。例如王昶的《金石萃编》，其书卷帙极为浩繁，有近于类书，其中十分之九皆为碑志，鼎彝仅占很少的一部分。最大的原因，是当时的铜器多藏在宫廷，而民间所藏的一部分又多在豪绅巨贾的手中，外人不易得见，不如碑志的任人可以椎拓与传流。所以在乾、嘉时著录铜器的，除政府所编印的几种书外，很少有其他的记载。但在近百年中，这一个情形却完全不同了，著录铜器的书远比著录碑志的为多。

著录碑志的著作，主要的有孙星衍、邢澍的《寰宇访碑录》十二卷，赵之谦的《补寰宇访碑录》（附失编）五卷，杨守敬的《三续寰宇访碑录》。三书均为治碑志学的必需工具书，惜杨书未及刊行。

其次，王懿荣著有《汉石存目》二卷、《山左北朝石存目》一卷。懿荣于晚清为名收藏家之一，此二书收采颇备。端方的《陶斋藏石记》四十四卷，系著录其所藏历代碑志的，并附有考释，其中所存史料不少。叶昌炽的《语石》十卷，考证既多精审，又为系统的叙述，实前之所未有。所谓碑志学本系专指碑碣与墓志，但其广义即指金石学中的石，故凡砖、陶、封泥均为其附庸。在此期中，有陆心源的《千甓亭砖录》六卷、《续录》四卷、《古砖图释》三十卷，刘鹗的《铁云藏陶》四册，吴式芬、陈介祺的《封泥考略》十卷。陶与封泥至近代始为人所注意。《封泥考略》所附考释，条理精审，其中有不少可补《汉书百官公卿表》的阙遗。

第二节　金文的结集与研究

清高宗乾隆十四年命梁诗正纂录内府所藏的铜器，为《西清古鉴》四十卷，后复纂《西清续鉴》甲编二十卷、乙编二十卷、《宁寿鉴古》十六卷。其所著录的铜器固甚丰富，然摹刻则颇失真，在考古学上的价值不高。由于政府的提倡，流风所被，遂成为一种风气。这时著录铜器的，有钱坫的《十六长乐堂古器款识考》四卷、陈经的《求古精舍金石图》四卷诸书。

在近百年内，著录铜器的书籍渐多，最著的便是阮元的《积古斋钟鼎彝器款识》十卷。阮元所藏铜器极富，所著录的除拓片而外，更有由他书摹入的。其书大部出朱为弼手，所附考释亦多精义，以彼时经学正在极盛时代，故能援经以说古器也。此外如曹载奎的《怀米山房吉金图》二册，张廷济的《清仪阁所藏古器物文》十册，刘喜海的《清爱堂家藏钟鼎彝器款识法帖》（不分卷）、《长安获古编》二卷，吴云的《两罍轩彝器图释》十二卷、《二百兰亭斋收藏金石记》四册，吴荣光的《筠清馆金文》五卷，都是名著。诸人皆富于收藏，所著录的铜器极多，间亦有考证。

光绪间的铜器收藏者，以潘祖荫、陈介祺二人为最多，《盂鼎》与《毛公鼎》即为二人所藏。介祺对铜器真伪的鉴别力极精，间有考释，亦颇精审。祖荫有《攀古楼彝器款识》二册。介祺有《簠斋吉金录》八卷（为邓实所辑）、《簠斋金石文考释》一卷、《陈簠斋尺牍》。

前此诸书所录，或为其一家的收藏，或虽兼收别家，而分量均极少，且所录间有伪器。其所录极丰，鉴别亦精，使学人得此一编而可不烦外求的，有吴式芬的《攈古录金文》三卷九册、方濬益的《缀遗斋彝器考释》三十卷。

这等书都是史料的结集。所附的考释虽间有对典章制度或名物训诂有所考订，但不可信的居多。其最大的收获，当在对铜器真伪的鉴别。

所谓金文系以钟鼎礼乐器为主，但钵印、镜鉴、泉布亦可附入。在近百年中，著录钵印的，有陈介祺的《十钟山房印举》十二册。介祺藏印极多，此书著录之富，可谓空前，实为钵印的一大结集。著录镜鉴的，有梁廷枏的《藤花亭镜谱》八卷、陈介祺的《簠斋藏镜》二卷。著录泉布的，有李佐贤的《古泉汇》十六卷，李佐贤、鲍康的《续泉汇》四卷。

第三节　吴大澂与孙诒让

近百年内，早期金文的研究，在文字与历史考证上收获最大的，是吴大澂与孙诒让二人。从此以后，金文的研究方慢慢地走上科学的途径。尤其是在文字研究上的收获，《说文古籀补》与《名原》两部书，真可以算是划时代的作品。

大澂对于铜器的结集，贡献不小，在研究上也有很大的成就。当时他的势位甚尊，故有力搜集大量之铜器，其书有《恒轩所见所藏吉金录》二册、《愙斋集古录》十二卷、《十六金符斋印存》二十六册。其中尤以《愙斋集古录》所辑为最丰，与吴式芬的《攈古录》、方濬益的《缀遗斋钟鼎彝器款识》二书，有同等的价值。其所著书有《说文古籀补》

十四卷、《补遗》一卷、《附录》一卷、《字说》一卷、《权衡度量实验考》一卷等。《说文古籀补》系据铜器文字以补《说文》的缺遗，其中订正许慎的地方真不少，从此《说文解字》在文字学上的权威才开始动摇。大澂为书极为矜慎，其后补其书的，有丁佛言的《说文古籀补补》，强运开的《说文古籀三补》，但其体例取材及断论均远不如大澂书。《字说》中篇篇有新义，为其研究金文之心得。大澂生平所藏古玉甚多，既考证而品第之，成为《古玉图考》一书，后又以《考工记》等所记玉人桃人的尺度，相为比勘，成《权衡度量实验考》；他所定的"周镇圭尺"、"周黄钟律琯尺"、"周剑尺"，当然不能算得真正的周尺，但这种尝试的精神是值得敬佩的。

诒让为晚清最有成绩的学者，所研究的范围极为广博，其成就也是多方面的，固不仅金文一端，如《周礼正义》、《墨子间诂》诸书，均为不刊的名著，且是第一个作甲骨文研究的人。这里所要叙述的，仅在金文这一方面，他所著的便有：《古籀拾遗》三卷、《古籀余论》二卷、《籀膏述林》十卷。《古籀拾遗》是补正薛尚功《钟鼎彝器款识》、阮元

《积古斋钟鼎彝器款识》及吴荣光《筠清馆金文》三书的。《古籀余论》则系补正吴式芬的《攈古录金文》的。二书均极精审。其论文如《毛公鼎释文》、《籀文车字说》诸篇，不论在金文本身研究或古史研究上，都有很高的价值。诒让更著有《名原》二卷，共七篇，是诒让《古籀拾遗》、《古籀余论》、《契文举例》三书的例略，其意盖在探求文字制作的本源，及其演变的痕迹。此书所根据的材料大部分是以金文为主，也间有用及甲骨文的地方。但其时著录甲骨文的书籍，仅有《铁云藏龟》一种，不过一千多片，且印本多模糊不清，故此书虽用有甲骨文的材料，实在极少，而大部仍然是以金文为主的。

这期中金石学的研究，一方面还不免带着骨董的气息，一方面是文字学的一支流，那时金石学家所注意的只是铭文，他们的著作，除图录外，也只是些文字学上的研究，对于史学上的贡献并不很大。吴大澂的《权衡度量实验考》，算是一部史学上的著作，只因所用的方法并不准确，所以他的结论依然是不足为据的。

第四章
元史与西北地理的研究

第一节　元史史料的整理与元史的改作

　　《元史》的修成，时间不及一年，不惟在内容上可议的地方太多，即当时有许多史料亦为馆臣所未及见。早期的《元史》研究者，在这一方面用的功力最深，其贡献最大的应为李文田，有《元秘史注》十五卷、耶律楚材《西游录注》一卷。《元秘史》为元代的秘密国史，钱大昕最称道其书，以为"论次太祖、太宗两朝事迹者，必于此书折其衷"。文田的注，繁征博引，将书中所叙述的地理、年代、史实，就其所搜集的史料，详加比证，征引书籍达六七十种。《西游录》系耶律楚材自述其奉太祖之诏出塞，随军西征，所见一切山川、疆域、人民、风俗的状况。惟今本经盛如梓删节，仅存数百言。文田的注亦极博瞻。文田又有《元史地名考》一卷、《和林金石录》一卷、《诗》一卷、《考》一卷。《和林金石录》一书系就和林故地的碑碣文字以考证史实，所录不尽为元代物，但却以元代物为多。《圣武亲征录》与《元秘史》同出一源，而编次内容有小异。其书译者不知姓名，《四库全书总目提要》所著录的为两淮盐政采进本。其后钱大昕、徐松、翁万纲、张穆均有传钞本。张穆以其书授何秋涛，书传写讹误，脱字失句极多，几不可卒读，秋涛取而细校，逐字逐句为之是正，成《圣武亲征录校正》一卷，其自序有云："笺注姓名，移置甲乙，疏论异同，排比先后，寒暑屡易，缮录乃成。"秋涛对此书的辛勤可知。秋涛复有《朔方备乘》八十卷，多言西北地理，其中有关于《元史》者，如《辽金元北徼诸国传》、《元代北徼诸王传》、《元代北方疆域考》都是，均颇为精审。

丁谦于此所考索者亦多，有《元秘史地理考证》

十五卷附《元秘史作者人名考》等、《西游记地理考证》一卷、《刘郁西使记地理考证》一卷、《张耀卿纪行地理考证》一卷、《元经世大典图地理考证》三卷、《元史外夷传地理考证》一卷、《元耶律楚材西游录地理考证》一卷、《元圣武亲征录地理考证》一卷。丁谦所著地理考证的书极多，有《蓬莱轩舆地丛书》前编、续编（即《浙江图书馆丛书》一集、二集）。《西游记》为李志常所编，记丘处机见元太祖途中所见闻，于西域山川道路记叙甚详。《西使记》中统四年所作，记西征一切道里、疆域、山川、风景的状况。张耀卿名德辉，曾于定宗二年召见，次年乃成《纪行》一卷，所记的均为道路所经及途中的见闻。《经世大典》，元虞集所编，惟全书已亡，仅《永乐大典》中有其图存。丁谦考证多而不甚精，间引外国著述，亦多非学术上的著作。《蒙古源流》为蒙人撒囊撒辰台吉自述其种族的著作，可与《元秘史》《圣武亲征录》对照而比较其异同。此书乾隆九年方译为汉文。沈曾植究心元代史事有年，用力甚勤，《蒙古源流笺证》八卷，为其未成之作，由张尔田先生加以校补。《圣武亲征录校注》一书，则系与李文田合作。

《元史》的芜漏，当时身与史馆的即已经知道，如朱右有《元史补遗》十二卷，其书今已散佚。至清代钱大昕始欲对《元史》全部加以改作，成《元史稿》一百卷，而未刊行。清末日人岛田翰至江、浙访书，还曾见到其手稿二十八册，已缺前二十五卷。今刊行的仅有《元史氏族表》三卷、《元史艺文志》四卷而已。继大昕之后而改作元史的有魏源，著有《元史新编》九十五卷。源修《海国图志》时，知元代西北三藩所达的地域很远，乃发愤改作《元史》，其书亦未完成，至光绪末年始有刊本，凡本纪十四卷、列传四十二卷、表七卷、志三十二卷。其进呈表中有云："采《四库全书》中元代各家著述百余种，并旁搜《元秘史》、《元典章》、《元文类》各书，参订旧史，成《元史》本纪、列传、表志凡如干卷。"其用力虽甚勤，然所得则极有限。源书中复引有外国史料颇多，但如马礼逊《外国史略》、玛吉思《地理备考》，均无史料的价值，因其虽知海外有新史料甚多，却尚无搜求的门径。曾廉，湖南邵阳人，与魏源同里，其《元书》一百零二卷全以《元史新编》为蓝本，所增加的史料无几，盖无可取。

第二节　洪钧及其《元史译文证补》

　　元史史料的整理与元史的改作，自洪钧的《元史译文证补》出，又起了一个新的变局。这一个变局是划时代的，自此国内治元史的人，方知道怎样利用海外的史料。《元史译文证补》凡三十卷，所用的史料，远及于波斯、阿拉伯、俄罗斯、法兰西、英吉利、德意志、土耳其诸国。为之搜集与翻译的，有使馆馆员及洋文参赞金楷利（Kreyer）等，因洪氏于其时出任德、俄、奥、荷公使故有此便利也。其所引用的海外书籍，见于卷首的《引用西域书目》中，火者拉施特儿哀丁《蒙古全史》、阿拉哀丁阿塔蔑里克志费尼书二卷、瓦萨甫书五卷、阿黎《意聚史》六卷、阿卜而嘎锡《突厥族谱》，俄罗斯人戴美桑法译本，多桑《土耳其史》《蒙古史》，贝勒津译、拉施特书《太祖本纪蒙古部族考》等三卷。其译证补传多用多桑书，记拔都西伐则本于华而甫书，驸马《帖木尔补传》则本于东罗马书，《察合台后王补传》则杂采西人所译的西域人著述,《太祖本纪》及《蒙古部族考》则本于贝勒津所译的拉施特书。

洪氏书的成就所以如是其大,除由其个人用力之勤及天才外,其所遭遇的时代亦为一重要的因素。兹将洪氏以前欧洲对于《蒙古史》的研究作一简略的叙述,以见其所遇机会之好。

19世纪初年俄人施密德(I. J. Schmidt)在外蒙传教,得蒙文的《蒙古源流》,乃译为德文,1829年刊行于圣彼德堡。时多桑书已出第一册,故施密德曾采用其书的中西回教材料作注。多桑(D'. Hosson)通阿拉伯、土耳其语,利用回教与中文材料,成《蒙古史》(*Histoire des Mongoles*)一书,以1825年刊行于阿姆斯特丹,1834年至1835年再版,1852年三版。其再版时大加增补,更参考施密德所译的《蒙古源流》,其所用的中文材料多为当时教士的翻译,所用回教史料有火者拉施特儿哀丁(Khoja Rashid Eddin)的《蒙古全史》、阿拉哀丁阿塔蔑里克志费尼(Alai Eddin Atta Mulk Juveni)的《世界征服者史》、瓦萨甫(Abdullah Vassaf ul Hazret)的《伊尔汗史记》诸书。至于发愤翻译波斯文重要蒙古史料的，有俄人贝勒津（Berezin），渠于1861年根据波斯文拉施特《蒙古全史》译出《部族志》，1868年译出《成吉思汗传》前半部，1888年译出后半部。其他则有华尔甫（Wolff）著《蒙古史》（*History of the Mongols*），哈木尔（*Von Hammer-Purgstall*）著《钦察汗史》（*Geschichte der Goldenen Hordein Kiptschack*），哀忒蛮（Prof. Erdmann）著《不动摇的铁木真》（*Temudschin der unerschutterliche*）等。洪氏于1889年出使，上述诸种有关蒙古史的著作均已出版，乃恣意搜取，故乃有此划时代的著作出现，使40年来研究元史的人始终跳不出洪氏的圈子。

第三节　西北地理的研究与撰述

　　道光中叶以后，地理研究起了一个很重大的变局。前此的地理研究为古代的，偏重于地理的沿革部分，这在本书上编第一章第六节已经有详细的叙述，兹不赘论。在近百年来则为实用的，偏重于近代边疆部分。这虽然和前期的沿革地理研究有渊源的关系，但却自成一种史潮，且此种史潮与元史研究，其关系相当密切，如李文田的《元秘史注》、洪钧的《元史译文证补》，其中关于地名的考订，均应属于此种研究的一部，故西北地理与元史的研究是互为表里，各有其不可分的地方。此等著述亦应说到徐松，松以嘉庆十七年谪戍伊犁，在戍中撰成《西域水道记》五卷校补一卷、《新疆赋》二卷二书；又《新疆识略》十二卷（代松筠作），则系补祁韵士的《西陲总统事略》而作。此外张穆有《蒙古游牧记》十六卷，以内、外蒙古各旗为单位，用史志体，而自为作注，考证古今山川、舆地的沿革，源流分明，为蒙古地理有系统的著作。自来研究蒙古史的人，多注意于成吉思汗的武功与政略，至于元亡之后，其部落窜归沙漠，以至成为今日的蒙古，其中史事的演变几乎没有人注意。张穆的书独对此点加以详尽的叙述。其书经何秋涛为之校订，益臻完备。秋涛的《朔方备乘》八十卷，初名《北徼汇编》，其书言蒙古事最详，而尤注重于中国与俄罗斯的关系，如《北徼界碑考》、《俄罗斯学考》、《乌孙部族考》、《俄罗斯进呈书籍记》、《尼布楚城考》、《俄罗斯互市始末》诸篇，均极精审，且所采书籍至为完备。

第四节 域外史地史料的整理与撰述

由于元史与西北地理的研究，遂逐渐发展而及于域外史地，今日之中外交通史一学即由此启其端绪。惟在本期中，虽有此一门学问，其成就则极小。其书可数的有沈曾植的《岛夷志略广证》一卷。《岛夷志略》系元人汪大渊撰，述南海的风物地理颇详，曾植此书考订亦尚明审。丁谦于前史"四夷传"地理皆有考证，此外又有《穆天子传地理考证》六卷、《后魏宋云西行求经记地理考证》一卷、《唐释辨机大唐西域记地理考证》一卷、《图理琛异域录地理考证》一卷。谦所著书总名《蓬莱轩舆地丛书前编续编》，编入《浙江图书馆丛书一集》《二集》，其书包罗极广，但所考证，附会的地方太多。

吴承志有《唐贾耽记边州入四夷道里考实》五卷。耽所记见《新唐书·地理志》，所记水道、陆路均极详细，为研究中外交通史最重要的史料。承志所考，亦有精到的地方。

魏源的《海国图志》一百卷，不尽言地理，更有夷情备采、战舰、火器条例等，为当时致用之作，但述史事及考证颇有错误。徐继畬《瀛环志略》十卷，鉴于源书，多加辨正。继畬书本于美国人雅裨理的著作，复随时对西方人士有所接谈，为之笔录。其书今日视之固属幼稚，但在当时使一般人眼光扩大，亦自有其历史的价值。

黄遵宪《日本国志》四十卷。遵宪在晚清出使日本，搜集彼国材料，成此一书，将日本的政情、风俗、历史统赅无余，亦为近百年史学上的一大著述。

第五章
经今文学的兴起与贡献

第一节　经今文学与辨伪学

经今文学运动的兴起，是中国近代学术史上的一件大事。这虽然在表面上应该是经学的问题，但在骨子里，对于史学实有很密切的关系。治史学的人所凭藉的是史料，有史料然后方有历史，而经则大部分为古代的史料。治史学的人对于史料的真伪应该是最先着手审查的，要是不经过这番工作，对于史料毫不加以审查而即应用，则其所著虽下笔万言，而一究内容，全属凭虚御空，那就失掉了存在的资格。中国的伪书伪史极多，唐以后开始有了雕版，得书方便，学者自易比较研究，所以自宋以来辨伪的学问尤其发达，重要著作，如王柏的《诗疑》、郑樵的《诗辨妄》、胡应麟的《四部正讹》、阎若璩的《尚书古文疏证》、姚际恒的《古今伪书考》等都是。即在清代官修的《四库全书总目提要》里，也有不少辨伪的议论。但他们主要的工作是辨伪史、伪子、伪集，很少有辨伪经的。郑樵的《诗辨妄》仅是在劾毛《传》卫《序》郑《笺》，王柏虽颇能揭发《诗经》的本来面目，其主要的目的却在卫道，这些都不是对经的本身有所考辨。姚际恒书中有一点辨伪经的地方，但不很多，也不很精。最伟大的要算是阎若璩了，《古文尚书》二十五篇的真伪问题，从宋代的吴棫以来一直辩论，不能决定，他用了一生的精力，研究了许多问题，才正确宣告了它的死刑。过去的学术界一向被宗经的观念所支配，认为经中所叙述的尽是真正的史料，可以用之而不疑，这一种错误的看法，自阎若璩的工作成功以后方才改过来，于是继之而有经今文学运动兴起。

　　经今文学运动的出发点是《公羊传》，这是因其时《十三经》中仅何休的《公羊解诂》为今文家言。复兴今文学的大师为庄存与，他著有《春秋正辞》一书，多讲微言大义。至其门人刘逢禄、宋翔凤出，今文学方正式成立。翔凤著《过庭录》一书，极喜附会，但也很有创见。逢禄有《春秋公羊传何氏释例》十卷、《公羊何氏解诂笺》一卷、《左氏春秋考证》二卷，以《左氏春秋考证》为最精。他发现《春秋左氏传》的原本不是编年的，它的体裁近乎《国语》，后来给人增窜书法凡例，按年排比，才成为今本的《左传》。这是改变天气的一个霹雳。刘、宋二人之外，接近经今文学的人，尚有龚自珍、魏源与邵懿辰等，自珍有《左氏抉疵》一卷，是书今佚，其《己亥杂事诗》第五十七首有云："其刘歆窜益左氏显然有迹者，为《左氏抉疵》一卷。"自珍本为刘逢禄门人，是此书当系继《左氏春秋考证》而作的。

魏源有《诗古微》十九卷、《书古微》十卷。《诗古微》主旨谓毛《传》及大小《序》均为伪书。《书古微》则系认定《古文尚书》及孔《传》为伪作，且论及马融、郑玄所说的《古文尚书》亦非孔安国的真传。

邵懿辰著《礼经通论》一卷，这书谓《仪礼》十七篇并非残本，所谓《古文逸礼》三十九篇则全属刘歆所伪作。

第二节　廖平与康有为

经今文学运动至康有为出，遂呈一极大的进步。他不仅疑及伪经，且疑及在古代经籍上所表现的史实；其托古改制一说实为千古不易的定论。有为所著有《伪经考》十四卷、《孔子改制考》二十卷。《伪经考》中的最大发明，在论秦焚六经未尝亡缺，河间献王及鲁共王无得古文经的事实，而断定古文经为刘歆所伪造。有为对诸问题的考证，虽间有武断或粗心的地方，然体大思精，其结论终无可移易。《孔子改制考》一书则以为先秦诸子均喜托古改制，六经是孔子所作以为宣传的书籍，尧、舜时代为孔子所托的理想社会。

有为的书在当时影响很大，其学术价值也很高，但其学则出于廖平。《伪经考》及《孔子改制考》二书的议论，已由廖氏粗引其绪，不过由有为加以敷衍发皇而已。平所著有《今古学考》二卷、《古学考》一卷。自许慎作《五经异义》以后，直至廖平才第二回作今古文的分析，而成《今古学考》一书。他后来所作的《古学考》，中有《知圣》、《辟刘》两篇，是为《孔子改制考》及《伪经考》的蓝本。他首先发现了孔子的托古改制，所以孔子说的三年之丧，他的弟子和时人都来问难。这是给有为一个极大的提示。只因廖平为学不甚谨严，文笔又不足以达意，所以这个风气要待康有为来开倡。

继康有为而起的有崔适，他著有《史记探源》八卷、《春秋复始》二十卷以及《五经释要》等书。《史记》中有被刘歆增窜的部分，在《伪经考》第二《史记经说足证伪经考》的后面已粗引其端绪。崔氏承此风气，所作《史记探源》谓《史记》本为今文学，其古文经说部分为刘歆所窜入，加以搜检，几无余蕴（虽然他所认为刘歆窜乱的部分未必完全可靠）。《春秋复始》专尊《公羊》，斥去《左传》，并发见《穀梁》亦为古文，并从删落。他希望得到《春秋》经的原始解释，进而看着真孔子。

晚清经今文学家的著作和学说，最近学者中如钱穆、杨宽诸先生都提出种种的反证，加以猛烈的排击，认为"有新闻纸的气息"，"只是宣传而不是学术"（钱说见其所著《刘向歆父子年谱》，杨说见所著《中国上古史导论》，均收《古史辨》中），其言诚有是处。然经今文学派的长处，本在破坏伪经和伪古史，其积极的建设部分，能成立之说本少，我们似不必深究他们真正的用意，是否在宣传他们的政治主张，我们只问他们的说法有没有道着古书和古史真相的处所，如果有的话，则他们的著作和学说便有了学术上的价值。破坏与建设本是一事的两面，他们既揭发了伪经和伪古史一部分的真相，便能引人去认识真经和真古史；至于他们所说的真经和真古史，是不是比原来的伪经和伪古史可信些，我们现在暂时可以不问。

中　编
新史料的发现和研究

第一章
甲骨文字的发现与著录

第一节　私人的收藏与集录

殷墟的甲骨卜辞，是近四十多年来新发见的古物。第一个收藏甲骨文字的人，是王懿荣，前后所得约在一千四五百片左右。光绪二十六年"庚子事变"起，王氏殉难，其所藏的甲骨文字，大部分售于刘铁云，一小部分赠于天津新学书院。就其故物而为之编集的，有唐兰先生的《天壤阁甲骨文存》二册。此书为唐先生由王氏次子及辅仁大学所藏拓本中所选录出来的，均为王氏故物，共一○八片。

与王懿荣同时搜罗甲骨文的有王襄，其所藏编为《簠室殷契征文》十二卷。此书与《考释》合为四册，共收甲骨文字一一二五片，印刷不精，且多本为一片而剪为两片的，甲骨文的研究者最初对此书极为怀疑。

王懿荣死后，其甲骨文字大部分均售与刘铁云。其后刘氏更续有所得，约五千片左右，编为《铁云藏龟》六册（共一〇五八片）。刘氏于宣统二年流新疆死，其所藏的甲骨文字，一部分归于罗振玉，编为《铁云藏龟之馀》一册，所收共四十片；一部分归于上海商人哈同，由王国维编为《戬寿堂所藏殷虚文字》一册，所收共六五五片，由姬佛陀署名，而实为王氏所编；一部分归于叶玉森，编为《铁云藏龟拾遗》一册，所收共二四〇片；一部分归于商承祚先生及其友人，已编入《殷契佚存》中；一部分归于吴振平，由李旦丘编为《铁云藏龟零拾》一册，所收共九三片；一部分归于柳诒徵先生，复归国立中央大学，由李孝定先生编为《中央大学史学系所藏甲骨文字》一册，更收入胡厚宣先生所编的《甲骨六录》中，惟李先生书为摹录，胡先生书为影印而已，所收共二五〇片；又一部分归于陈中凡先生，董作宾先生已编入其《甲骨文外编》中，尚未印，胡厚宣先生复编为《清晖山馆所藏甲骨文字》，书为《甲骨六录》的一种。

黄心甫与徐枋先后于甲骨亦有所得。黄氏之物已由其子编入《邺中片羽》中。徐氏所藏，后售与燕京大学，由容庚、瞿润缗二先生编为《殷契卜辞》三册，所收共八七四片。

罗振玉于光绪二十八年在刘铁云家中，始见到甲骨文字，除后得刘氏所藏的一部分外，更大量收集，遂成为收藏甲骨文字最多的一人，编为《殷契书契前编》八卷、《殷虚书契后编》二卷、《殷虚书契续编》六卷、《殷虚书契菁华》一卷。其所著录约七八千片，除《续编》为他人所藏外，余均罗氏一己之物。此四书中，《菁华》所印为照片，其余都为拓片，用玻璃版精印。在初期对于甲骨文字的搜罗与流传，当以罗氏的贡献为最大。

其后，王襄及霍保禄均有所得。王氏所获，已编入其《簠室殷契征文》中。霍氏之物，则捐赠于国立北京大学，由唐兰先生编为《北京大学所藏甲骨刻辞》，所收共四六三片，今尚未印。

罗氏而外，刘体智所藏甲骨文字亦极丰，其数量与罗藏等，由郭沫若先生编为《殷契萃编》五册，所收共一五九五片，仅为其藏物的一小部分；其未著录的，尚在二万片左右。

其他尚有商承祚的《殷契佚存》二册、郭沫若的《卜辞通纂·别录一·何氏藏骨》、孙海波的《诚斋殷虚文字》一册、李旦丘的《殷契摭遗》一册、胡厚宣的《厦门大学藏甲骨文字》（见《甲骨学商史论丛初集》）、《华西大学所藏甲骨文字》、《柬天民氏所藏甲骨文字》、《曾和睿氏所藏甲骨文字》（俱见《甲骨六录》），此诸书所录亦在数千片以上。

第二节 "中央"研究院与河南博物馆的殷墟发掘

"中央"研究院的殷墟发掘，共十五次，兹将其每一次所得甲骨文的数目及时间作一简略的叙述：

第一次在民国十七年十月十三日至三十日，其间共十八日，获甲骨文字七八四片。

第二次在民国十八年三月七日至五月十日，其间共两月零三日，获甲骨文字六八四片。

第三次分为二期，第一期在民国十八年十月七日至二十一日，第二期由十一月十五日至十二月十二日，获甲骨文字三〇一二片，中有大龟四版，复得兽头刻辞二。

第四次为民国二十年三月二十一日至五月十二日，其间共三月，获甲骨文字七八二片及兽头刻辞一。

第五次在同年十一月七日至十二月十九日，共一月又十二日，获甲骨文字三八一片。

第六次在民国二十一年四月一日至五月三十一日，其间共两月，获甲骨文字一片。

第七次在同年十月二十四日至十二月二十日，共一月又二十六日，获甲骨文字二十九片。

第八次在民国二十二年十月二十日至十二月二十五日，共两月又五日，获甲骨文字二五七片。

第九次在民国二十三年三月九日至五月三十一日，其间共两月又二十二日。于小屯获甲骨文字四四一片；于侯家庄获大龟七版，甲骨文字四十二片。

第十、第十一、第十二三次均无甲骨文字发现。

第十三次在民国二十五年三月十八日至六月二十四日，其间共三月又七日，获甲骨文字一七八〇四片。

第十四次在同年九月二十日至十二月三十一日，其间共三月又十二日，获甲骨文字二片。

第十五次在二十六年三月十六日至六月十九日，其间共三月又四日，获甲骨文字五九九片。

此十五次发掘所得的甲骨文字，其第一次之物由董作宾先生摹录为《新获卜辞写本》，刊《安阳发掘报告》第一期中，共三八一片；郭沫若先生又选录二二片，为《卜辞通纂·别录》一。第三次所得的大龟四版及兽头刻辞，均已由董作宾先生发表于其所著的《大龟四版考释》及《获白麟解》中，刊《安阳发掘报告》第三期及第二期，又均著录于郭沫若先生的《卜辞通纂》内。第四次所获的兽头刻辞，见董作宾先生的《甲骨文断代研究例》中，刊《庆祝蔡元培先生六十五岁论文集》，又见于郭沫若先生的《卜辞通纂》。第九次所得的大龟七版及侯家庄所得的甲骨文字，均著录于董作宾先生的《安阳侯家庄出土之甲骨文字》中，刊《田野考古报告》第一集。此第一次至第九次所得，除见于上列诸书暨论文外，更由董作宾先生编为《殷墟文学甲编》，所收共三九四二片，九次所发掘的菁英，均已在其中了。十三次至十五次所得，更由董先生编为《殷墟文字乙编》，这件工作现在尚正在进行。

在"中央"研究院作殷墟发掘的时候，河南博物馆亦曾作殷墟发掘，前后共二次，所得甲骨文字凡三六五六片。

第一次在民国十八年十月，其间凡经两月。第二次在民国十九年二月二十日至三月九日，又四月十二日至月底，其间凡一月又十一日。所得由关伯益先生编为《殷墟文字存真》一至八集共八册，凡选录八百片；又由孙海波先生编为《甲骨文录》二册，凡选录九三〇片。

第三节 外人的收藏与集录

外人收藏甲骨文字的，以美人方法敛（Frank Herring Chalfant）与英人库寿龄（Couling）为最早，前者为长老会驻潍县的宣教士，后者为浸礼会驻青州的宣教士。二人所购甲骨文字甚多，均先后让与欧、美博物院。方氏对于甲骨文字的摹写颇精，所用的是钢笔，因此很能表现出契刻的意味。其手摹的甲骨文字，凡四二三页，现已出版的共二二九页，是方氏自己选定而认为是最可信的；此二二九页已先后印为三部书，在中国及美国出版：

（一）《库方二氏藏甲骨卜辞》（*The Couling-Chalfant Collection of Insonibed Oracle Bone*），所收凡一六八七片，共一三二页，原物分存四处：

（1）C. S 苏格兰皇家博物院（爱丁堡），由方氏出让。

（2）C. C 美国卡内基博物院（毕兹堡），由库氏出让。

（3）C. B 大英博物院（伦敦），由方氏出让。

（4）C. F 支加哥田野博物院（美国），由方氏出让。

（二）《甲骨卜辞七集》（*Seven Collection of Inscribed Oracle Bone*），所收共五二七片，凡三二页，原物分藏七处：

（1）SV. T 天津新学书院，本为王懿荣旧藏，由其子翰甫所赠。

（2）SV. SM 上海皇家亚细亚学会博物院，由方氏出让。

（3）SV. B 柏根氏（Paul Bergen），由方氏出让。

（4）SV. P 普仁斯顿大学（美国），由方氏出让。

（5）SV. W 卫理贤（德国）。

（6）SV. S 临淄孙氏。

（7）SV. R 皇家亚细亚学会。

（三）《金璋所藏甲骨卜辞》（*The Hopkins Collection of Inscribed Oracle Bone*），所收共四四八片，凡六十六页。

方氏所摹录的甲骨文中，间有伪片，如《库方二氏藏甲骨卜辞》即有郭沫若先生和胡光炜先生的辨伪表，证明其中伪刻极多。

加拿大人明义士（James Mellon Menjies）为长老会驻安阳的牧师，亦得有甲骨文字很多，编有《殷墟卜辞》（*Oracle Records from the waste of yin*）一册，所收共二三六九片，仅为其所藏的一小部分，其未著录的当在一万片左右。

美人福开森（Ferguson, J. C.）曾得刘铁云所藏甲骨文字的一部分，由商承祚先生编为《福氏藏甲骨文字》，所收共三七片。又柏根所藏，已由方法敛编入《甲骨卜辞七集》中，后其物由柏根氏赠与济南广智院，明义士复编为《柏根氏旧藏甲骨文字》（*Bergen Collection of Inscribed Oracle Bone*），刊《齐大季刊》六七期。白瑞华（Roswell S. Britton）为美国现在研究甲骨文字最有成绩的一人，编有《殷墟甲骨拓片》（*yin Bone Rubbings*）一册，《殷墟甲骨像片》（*yin Bone Photographs*）一册，前者所收共二二片，后者一〇四片。

日人林泰辅藏有甲骨文字六百片，复汇商周遗文会、椎古斋、听水阁、继述堂诸家所藏，编为《龟甲兽骨文字》二卷，所收共一〇二三片。郭沫若先生《卜辞通纂》别录二为《日本所藏甲骨择尤》，所收共八七片。金祖同先生更编有《殷契遗珠》二卷，所收系日本河井荃卢、中村不折、堂野前种松、中岛蠓叟、田中救堂、三井源右卫门等六家所藏的甲骨文字，共一四五九片，其中一部分已经著录于郭沫若先生书中，河井荃卢的一部亦已著录于林泰辅的《龟甲兽骨文字》。

第二章
铜器群的发现与考释

第一节　新郑与浑源铜器群的发现与考释

民国十二年八月二十五日，河南新郑县有个叫李锐的，在园中掘井，得大鼎一、中鼎二，以八百馀金售于许昌张庆麟，继复从事发掘。事为当地驻军知悉，乃划定区域，大事开掘，计所挖的井穴，深至三丈有余，幅员至十余丈，所得共百余器，今存河南博物馆。这年冬便有蒋鸿元先生的《新郑出土古器图志》初续附三编出版，这书颇有错误之处，又缩影器形较小，图版未佳。十八年冬关百益先生编有《新郑古器图录》二册，后复编为《郑冢古器图考》四册，前者系用照相玻璃版印，后者则系摹绘。二十六年更由孙海波先生编为《新郑彝器》一册。图版较蒋、关二先生的书为精，且另有花纹拓出，于研究上颇便利。新郑铜器群为春秋时郑国的遗物，惟百余器中有铭文的仅二器，一牢鼎，一方器，而牢鼎铭文模糊，仅有数字可辨。一方器有铭文七字，王国维释为"王子婴次之囗卢"。婴次，为楚公子婴齐，即令尹子重，关百益释为"王子颓次之庶盘"，认藏器之地为郑厉公墓，郭沫若则认婴次为郑子婴齐，近人都从郭说。

民国十二年，法国美术商人王涅克（L. Wannieek）于山西浑源发现大批铜器，器薄而带轻快味，铭文很少，和春秋以前的铜器不同，均为其全购而去。著录此批铜器的，有商承祚先生的《浑源彝器图》一册。王氏得到此批铜器后，采用当地土人的说法，认为系秦始皇巡狩所遗，于是在欧美遂流行一种"秦式"的说法，认为这些铜器受着斯基泰（Scythia）文化的影响。近来我国学者如郭沫若、刘节先生和日本梅原末治都对这说曾作强烈的反驳，其实西洋人的所谓"秦式"，应称"战国式"。梅原末治曾由中国古镜和斯基泰系小镜作比较，而否认这些铜器曾受斯基泰影响，刘节先生更从铜器形制和纹样的变迁源流来否认外来影响的说法。

第二节　洛阳铜器群的发现与考释

洛阳城东面有金村，遍地均为古墓。民国十八年秋迄十九年冬，发现韩君墓，今洛阳城东，旧土城东北角，有大墓八，其中有六个已为人盗掘。及民国二十三年，其馀两个亦皆被盗，出土的遗物共五六百件，见怀履光（Bishon W. White）主教的《洛阳故都古墓考》（Tombs of Old Loyang）。书中所收均为韩器，间亦有汉代器物杂入其中，因为同遭发掘的尚有汉代的墓葬。其中最著名的为骉羌钟，其十二藏卢江刘氏，馀则为怀氏所得，今藏加拿大多伦多博物院。怀主教的《韩君墓发见略记》，有向达译文刊《北平图书馆馆刊》七卷一期。我国徐中舒先生有《骉氏编钟图释》一册。此外郭沫若先生有《骉羌钟铭考释》（见《金文丛考》）、《骉羌钟铭追记二则》（同前)，《骉羌钟补遗论及所谓秦铜器》（见

《古代铭刻汇考续编》），唐兰先生有《屬羌钟考释》
（见《国立北平图书馆馆刊》六卷一期），刘节先生
有《屬氏编钟考》，吴其昌先生有《屬羌钟补考》（均
见《北平图书馆馆刊》五卷六期），温廷敬先生有
《屬羌钟铭释》（见中山大学研究所《史学专刊》一
卷一期），刘、吴、唐、徐四先生都认这为周灵王时
器，郭先生认为周安王时器，温先生认为周威烈王
时器，国外有高本汉的《屬羌钟之年代》一文（刘
叔扬译，刊《考古社刊》第四期），也认周灵王之说
为是。我们由其铭文有"入长城"和《水经注》所
引纪年晋烈公十二年事相合，以及出土地点，同出
土物等看来，分明是战国时代周威烈王时的韩器。

日人梅源末治有《洛阳金村古墓聚英》，所收录
的亦为此铜器群的一部。

第三节　寿县铜器群的发现与考释

寿县铜器群的发现，共有两次。第一次在民国
十一年二月，为瑞典工程师加尔白克（Karlbeck）所
得，较大的鼎壶簋等件现存瑞京东亚搜集部，著有

《中国古铜镜杂记》，刊《中国科学美术杂志》四卷一期（译文见《考古社刊》）。第二次为民国二十二年七月五日，发见于朱家集的李三孤堆，由土人发掘，深五六丈，宽二丈，发见木椁铜器，有鼎重至七百馀斤，重要的铜器约在七八百件以上，均为淮楚之器，今存安徽省立图书馆。其余藏在其他学术机关及私人的，尚属不少（刘氏善斋有"曾姬无恤壶"二，勺二，北平图书馆金石部也购得九件，天津宝楚斋有鼎、匜、豆、勺等件，上海朱氏也藏有一鼎）。编集的书，有孙壮先生的《宝楚斋藏器图释》。商承祚先生的《十二家吉金图录》中，亦著录有宝楚斋所藏的楚器。更有刘节先生的《楚器图释》一册。胡光炜先生有《寿春新出土楚王鼎考释》刊《国风》半月刊），四卷三期，四卷六期。唐兰先生有《寿县所出铜器考略》，刊北京大学《国学季刊》四卷一期。徐中舒先生有《寿县出土楚铜器补释》，刊《大公报·图书副刊》三十一期（三十三年六月十六日）。郭沫若先生有《寿县所出楚器之年代》，刊《古代铭刻汇考续编》。"中央"研究院历史语言研究所曾派李景聃先生前往寿县调查，李先生有《寿县楚墓调查报告》，刊《田野考古报告》第一册。上海市博物馆等曾组寿县史迹考察团，拟正式从事发掘，曾派郑师许商承祚先生等前往考察。

寿县出土诸器中有楚王"酓肯""酓忑"诸名，"酓"即"熊"字，自来无异说。熊忑，胡光炜、郭沫若诸先生均认为即楚幽王熊悍，可无疑问，熊肯之"肯"，天津某公、寿县王松斋先生释为赀；谓楚文王，马衡、唐兰两先生谓即楚考烈王熊元，"元""肯"乃声之转，郭沫若先生认即楚、幽王熊悍，"肯""悍"乃声之转；徐中舒先生认即楚哀王熊犹，"犹"之偏旁"酋"，古文作"昔"，与"肯"字形近；胡光炜、刘节两先生认即楚王负刍，胡先生认为"肯"当释"朏"，即史记之楚王负刍，《越绝书》之楚王成，"朏""成"乃声之转，刘先生又认"肯"当释"殙"，"负刍"是"酓殙"字形之误。由我们看来，熊忑既即幽王熊悍，楚文王与此未免年代相去过远，考烈王徙都寿春时决不会带走这些重器；哀王立国仅二月余被袭杀，怎能铸这许多铜器？负刍在位五年，在这五年中外则有秦侵犯，内则兄弟争立，结果为秦掳去，哪里会有铜器入葬？

如果说"熊肯"即是"熊㣇"，为同一王所作之器，前后异名，也说不过去，因此"熊肯"即考烈王的说法比较可信，大概李三孤堆是楚幽王的墓，同时还入葬了考烈王的许多铜器，这是比较近情的。

第四节　安阳铜器群的发现与著录

安阳有铜器发现，在宋代即已如此，凡宋代著录铜器书中所谓出于"邺之亶甲城"及"洹滨"的，均为安阳所出。自"中央"研究院历史语言研究所在殷墟发掘以来，所得铜器极多，有二尺大的方鼎以及各种铜容器铜兵器，而盗掘的事情亦常有发生，所得均由古董商人售之于北平，其中以黄氏尊古斋所获为最多，编为《邺中片羽二集》，共四册，所录仅一器非商物。其他如罗振玉的《贞松堂集古遗文》、《殷墟古器物图录》，容庚先生的《颂斋吉金录》及《续录》，于省吾先生的《双剑誃古金图录》及《双剑誃古兵器图录》，刘体智先生的《小校经阁金文拓本》及《善斋彝器图录》，商承祚先生的《十二家吉金图录》诸书，凡注明为安阳出土的，亦均为其他所出的商代物。此外日本梅原末治著有《河南安阳与金村的古墓》，刊《史学杂志》四十七编九号，《传河南出土的二个尊彝》，刊《国华》第四十六编一号，《河南安阳发见的遗物》，刊《东方学报》京都第七册，传说安阳出土的二太铜器群曾被盗卖到日本，一为侯家庄出土，一为大司空村出土，其中有三大盉，高至二尺四寸左右，一尊高至一尺二寸八分，一罍高至一尺六八分，都是少见的大器。

先是罗振玉辑《殷文存》，王辰先生辑《续殷文存》，均以简单图形及有以干支为名的认为商器。此说为郭沫若先生所反对，因为在周代中叶尚有以干支为名的。但是从前把商代当作新石器时代及金石并用时代的，今由此大批安阳铜器群的发现，更加以"中央"研究院的科学发掘，可以证明其说不确。商代不仅是铜器时代，而且已经到了铜器时代的最高峰。

第五节　濬县铜器群的发现著录及其他

河南濬县曾有大批铜器发现，由孙海波先生编为《濬县铜器》一册。其后"中央"研究院于民国二十三年曾整理其残址，又续得铜器若干，见郭宝钧先生的《濬县新村古残墓之清理》，刊《田野考古报告》第一集。

山东滕县亦有铜器群的发现。又"中央"研究院在河南辉县及汲县亦有所得。北平研究院在陕西斗鸡台亦曾作大规模的发掘，惟现在均尚无报告发表。

第三章
考古学的发掘和古器物学的研究

第一节　史前遗址的发现和研究

我国史前遗址的发掘，以北平周口店的遗址为最早。民国十年至二十年间，澳人师丹斯基（Dr. O. Zdunsky）与杨钟健先生、裴文中先生，在北平西南房山县属的周口店，先后发现猿人的牙齿及头骨等化石。学者初称之为北京种中国猿人，继定名为震旦人，年代约在四五十万年前，较爪哇与英国所发见的尤为近古，在周口店主要堆积的上洞，也有真人遗骸的发现，是晚期旧石器时代的遗址，有石器骨器和有孔石卵有孔牙齿及贝壳等的发现，见裴文中先生的《中国猿人化石之发现》(《科学》十四卷八期)、《周口店洞穴层采掘记》、《旧石器时代之艺术》及杨钟健先生的《中国猿人与人类进化问题》(《科学》十五卷九期)、《中国猿人的新研究》(《地质论评》一卷一期)。

旧石器时代的遗物，系法人德日进(Pére Teilhard de Chardin)与桑志华(Pére Hicent)在陕甘河套发现，有穿孔用的尖锐器物，刮磨器物，以及食余的驴、犀、象、土狼、羚羊的骨和鸵鸟卵等，与欧洲的旧石器时代遗物相同。发现地层，在黄土下层与相当的沙层及黄土底部砾层中。详见二人所合著的《华北旧石器工业》(*On The Discovery of A Paleolithic Industry in Northern China*)。

新石器时代的遗物，自 19 世纪以还，各地皆有零星的发现。至于大量采集，则有瑞典人安特生(J. g. Andersson)。民国八年，北平地质调查所技师朱庭祐先生在辽宁、热河采集石器多种。次年，刘长山先生复在河南得石器数百件。安特生时任北洋政府的农商部顾问，继往考查，略有所获，更在奉天沙锅屯，河南仰韶村及甘肃洮沙诸地得遗物极多，以仰韶所得的为最丰富，故称之为"仰韶期"；所得有彩色陶器，故亦称彩陶文化。安特生编有《中国远古之文化》(*An Early Chinese Culture*)、《奉天锦西县沙锅屯石穴遗址》(*The Cave Deposit At Sha Kuo T'un in Fongtien*)、《甘肃考古记》(*Preliminary Report on Archaeological Reaserrch in Kansa*)。

民国十五年，李济先生、袁复礼先生考古山西，发现夏县西阴村遗址，见李先生所著的《西阴村史前的遗存》。除了所得石器兽骨陶片贝壳之外，又得了一个残茧。

民国十九年、二十年，"中央"研究院历史语言研究所在山东历城县城子崖发掘二次，发见黑陶文化，称为龙山期，见李济先生、吴金鼎先生等所编的《城子崖》。

锄头考古学的发掘，于文化层的发现一点，最于史学的研究有利。李济著《小屯与仰韶》(《安阳发掘报告》第二册)，根据安诺及貔子窝两处陶器的发现，判别彩陶的时代在前，刻纹在后，等到"中央"研究院的发掘，在后冈发现了三叠层的陶器文化，更明显了。后冈上层为白陶文化层，中层为黑陶文化层，下层为彩陶文化层，可知彩陶最先，黑陶次之，白陶又次之。白陶和小屯殷墟文化相似，黑陶与龙山（城子崖）文化相似，彩陶则与仰韶文化相似。后来在侯家庄高井台子也有类似积累的文化层发现，只是上层不是白陶而是灰陶。后冈的黑陶是轮制的，而高井台子的黑陶是在转轮盘上模制，吴金鼎有《高井台子三种陶业概论》，刊《田野考古报告》第一册。后来濬县大赉店和洹淇流域曾普遍发现相类的遗址，这在史前史的研究上是一条光明的线索。梁思永先生著有《小屯龙山与仰韶》，来探讨这三种陶器文化的流布和影响，可知殷墟高度文化的产生，不是偶然的了。

至于殷墟的发掘和铜器群的出土，已另详"甲骨文字和金文的研究"一章中。

第二节　日人的考古学侵略

自从日俄战后，日人得到旅顺大连，对辽东各地作种种调查，考古发掘也是其调查事业之一，其大规模的发掘，主要的有貔子窝、牧羊城、南山里、营城子、何家沟等地。

　　日人自在大连的滨町、旅顺的大台山和貔子窝附近发现贝塚，得到了石器彩陶器，便开始计划貔子窝的发掘。民国十七年四月，日人的东亚考古学会和关东厅博物馆便开始正式发掘，经两星期而终了，发掘所得保藏于京都帝国大学考古学教室，报告书名《貔子窝》，在十一月刊行。这次的发掘所得，除石器时代的石器骨器陶器外，还有铜镞、弩机、铁器、铁片、明刀、布泉等，可以考见周末汉初辽东的文化情态。牧羊城的发掘在同年十月，经二十五日终了，至民国二十一年编印《牧羊城》一书，这次发掘所得的古物，除石器时代的遗物以外，也还有铜器铁器和周末汉初的古钱以及汉瓦当等，正同貔子窝一样，可知那地在周末汉初时，土人正从石器时代进入金石并用时代，而由中国内地移往的居民已挟有铜铁器时代的高度文化。南山里的发掘在民国十八年十月，曾掘得汉代的砖墓，到民国二十二年编印《南山里》一书，除得铜器五铢钱少许外，大多是瓦器，这和朝鲜乐浪所发掘的汉墓，同是研究汉墓和汉代文化的资料。营城子，最初在民国元年二年经日人滨田耕作八木奘三郎发掘了二个汉墓，得陶器漆器等物（报告见《东洋学报》二卷三号及三卷一号）。民国二十年日本关东厅偶然在营城子发现砖墓，便从事发掘，继续又发掘了另一古墓，编印成《营城子》一书。这次发掘所得彩色砖、瓦器、五铢钱外，还有汉代壁画，这是研究汉代绘画的重要资料。《营城子》一书附录有滨田耕作的《汉代壁画》和水野清一的《营城子古墓壁画的画迹》二文，对汉代壁画有很精密的研究。

河家沟在吉林顾乡屯，民国二十年八月北平国立地质调查所派员和哈尔滨特别区研究会合作，曾在这里发掘，曾得若干化石，报告载《中国地质调查汇报》十一卷二期。民国二十一年六月日本早稻田大学理工学部和满蒙学术调查研究团，重在这里发掘，发现许多旧石器时代遗物。

自从日寇在民国二十年九一八以后侵占了我国东北，这等考古学的侵略也如同军事侵略一样，非常积极：民国二十二年五月，东亚考古学会组织考古团，在旅顺郊外方家屯发掘羊头洼的石器时代遗物。六月原田淑人等在宁古塔南调查发掘渤海国首都龙泉府的遗址，水野清一等又调查昂溪的石器遗址。六七月间梅本俊郎等在辽阳、太子河从事汉代石椁墓的发掘。从八月到十月有热河自然科学调查队采集多数陶器石器。鸟居龙藏又在热河调查契丹文化。

日人在我国东北种种考古学的调查和发掘，虽也是他们侵略事业的一部分，但在我国史学研究上，确可得到许多新史料。日人对于朝鲜的发掘，如乐浪汉墓的发掘，不仅为汉代美术工艺放一异彩，于汉代思想、风俗等各方面也提供大量具体的资料。尤其对汉代墓制的研究，汉代漆器的研究，有很大的帮助。

日本私人的著作，鸟居龙藏有《满蒙古迹考》，八木奘三郎有《满洲考古学》、《满洲旧迹志》。

第三节　古器物学的研究

古器物学的研究，在我国还在萌芽时期，还是这最近的三十年来的事。只因中国古器物的资料太散乱了，有许多部门资料又太贫乏了，所以研究的成绩还不能满意。可是有许多部门确已得到了相当的成就。例如铜器的研究便是一例。

　　过去金石学家对于古器物，不免带着玩赏和宝藏的意味，至多对于铭文的考释上用些工夫，对于它本身在历史上文化上的价值很少注意。到最近考古学家和古器物学研究者，对于古器物的研究就不同了，他们拿科学的比较方法去研求，对每一种古器物，不但要考订它的年代，还要追究它的来源和演变的历程，来确定它在历史上文化上的价值和地位；不但要知其然，还要研究它的所以然之故，更要研究它在过去社会里人们怎样制造它？怎样利用它？人们又怎样改进它？又怎样的放弃它？它的形式有怎样的演变？它的纹饰又有怎样的演化？对于这种种问题的追究，便是近人研究古器物的最大的进步。

　　马衡先生的《戈戟之研究》、唐兰先生的《古乐器小记》（都见《燕京学报》）、郭沫若先生的《说戟》（《殷周青铜器铭文研究》）、蒋大沂先生的《汉代戈戟考》（《华西协合大学中国文化研究所集刊》第三卷）和《论戈秘之形式》（金陵、齐鲁、华西三大

学《中国文化研究汇刊》第三期），对于铜器中的
重要兵器——戈和戟，和铜器中的乐器，曾有很精
密的分析。蒋大沂先生的《古玉兵杂考》（同上第二
期）里，对于铜器中的"戊戚与斧"和"戈戟与厹
矛"，也都曾有精确的研究。宋代以来，铜容器中的
"𣪘"（即簋），都被误释为"敦"，或释为"彝"，又
误把"盨"当作"簋"，这个错误，钱坫、黄绍箕等
虽已曾辨正，还不为一般人所信，自从徐中舒先生
作《陈侯四器考释》，对于"盨"的即"簋"，曾提
出了有力的论证，从此这悬案便解决了。容庚先生
的《殷周铜器考》，对铜器各方面都有周详的分析，
确是部集大成的著作。日人梅原末治有《战国式铜
器研究》、《支那考古学论考》等书，对于铜器及其
他古器物都有深刻的研究。

　　铜器的式样，由于石器角器陶器竹木器而来，
前人虽已约略论及，可是论证不很充分。铜器中的
鬲、罍、瓿，是由陶器演化而来，就器名就很清楚。
铜器中的鼎和甗，也是陶器的演化，日本滨田耕作
有《鼎与鬲》一文（收《狩野教授还历纪念支那学
论丛》及《东亚考古学研究》)，他从初期鼎下的款

足（空足）三股和鬲的一样，证明鼎是鬲的演化（安特生却认为鼎和鬲的起源是独立的），铜器中的簋簠，字都从"竹"，由竹器演化而来，也很显然。日本梅原末治又以为尊是由于竹筒的变形（见《关于中国铜器时代》，刊《史林》十九卷三号二十卷二号，我国有胡厚宣译本）。铜器中的酒器多从角器演化而来，像角这器就称为角，觥觚觯等器，字都从角，王国维《古礼器略说》又以为角和爵古同音，无非是角器的演化。滨田耕作又有《爵和杯》一文（刊《市村博士古稀祝贺东洋史论丛》），他以为斝的起源是由于兽角的根干横平的切断，而爵的起源是由于像蒙古人那样的斜切。我国郭宝钧的《古器释名》（刊《蔡元培先生六十五岁纪念论文集》），对于铜器形式的来源更有详尽的推断，铜兵器中的斧钺固然起源于石器，而戈的来源是由于角器的，郭宝钧有《戈戟余论》（"中央"研究院《历史语言研究所集刊》五本三分），对此又曾提出充分的论证，不但戈角同声，戈形似角，而角本是兽的武器，原始人利用作兵器是很自然的。这些研究，不但是替古器物探源，同时还替中国史前史增加了新页。本来研究史前史，除用考古学社会学等方法以外，语源学也是重要的。

过去金石家研究铜器只注重铭文，现在古器物学研究者于此，已把铭文和形式花纹同样地看重了，这是大进步。郭沫若先生的《彝器形象学试探》（刊《两周金文辞大系图录》）、《周代彝铭进化观》（刊《古代铭刻汇考》），对于铜器形式花纹和铭文的演化，曾作大略的探究，徐中舒先生的《铜器的艺术》（刊《第二次全国美展特刊》和《中国艺术论丛》），又根据了殷墟发掘的结果来补充郭先生的说法，对于铜器的名称、用途以及形式的流变和盛衰，都有周详的分析。唐兰先生的《参加伦敦艺展铜器说明》，又约略地注意到铜器地域的不同，这些系统的初步研究，是他日研究铜器演化的南针。

度量权衡是百物制度之本，度量衡的考研，本是件极重要的事。《隋书·律历志》虽曾分隋以前尺度为十五等，共二十八种，可是《隋书》只有诸尺和"晋前尺"（即"周尺"）的比例，究和现代尺度相差怎样，是需要研究的。王复斋《钟鼎款识》所摹的"晋前尺"，沈彤程瑶田都曾用以考证古代礼制，但据王国维先生的考证，是宋代高若讷所摹制的。所幸年来古物屡有出土，晋荀勖造"晋前尺"时，共校七品，第五品是"刘歆铜斛"，乾隆年间曾出"新莽嘉量"，便是"刘歆铜斛"，现藏故宫博物院，王国维先生曾惊为"旷世瑰宝"，著《莽量考》一文，后又成《记现存历代尺度》一文，除"刘歆铜斛"外，又列举历代实物拓本摹本十六种，比较其短长而推究其变迁的原因，很有重大的发现。刘复先生曾著《故宫所存新嘉量之较量及推算》（刊《考古学论丛》及《工业标准与度量衡》一卷四期），较量和推算都非常精密，从此隋以前的尺度都分明了。民国二十一年福开森又得一铜尺，传洛阳金村出土，便是著名的"虒钟尺"。二十三年叶遐菴先生又得一镂牙尺，传也是洛阳出土，长短都和"刘歆铜斛尺"同，还有"商鞅量"，马衡、唐兰两先生都曾研求，唐先生有《商鞅量与商鞅量尺》一文（刊北京大学《国学季刊》五卷四号），证明"商鞅量"所用的尺正和"刘歆铜斛"相同，从此周尺便得到了实证，《隋书》的记载也得证明。唐代尺度，日本颇多珍藏（在正仓院法隆寺等处），王国维先生有《日本奈良正仓院藏六唐尺摹本跋》。宋的三司布帛尺，以前孔尚任曾藏有一具，王先生也有《宋三司布帛尺摹本跋》。民国九、十年间巨鹿曾出土宋木尺，王先生也有《宋巨鹿故城所出三木尺拓本跋》。近年出土的古尺，还有传为安阳出土的殷代骨尺（现归"中央"研究院历史博物馆），传为寿县出土的铜尺，传为河南出土的玉尺（藏福开森先生）。用古钱的尺寸来推考尺度的，日本有足立喜六的《长安史迹考》，我国丁福保先生有《古钱有裨实用谭》等。至于杨宽先生的《中国历代尺度考》，不但是部集大成的著作，也还有许多校正前说的地方。

关于铜镜，我国有罗振玉的《古竟图录》三卷、徐乃昌的《小檀栾室镜景》六卷，日人有富冈谦藏的《古镜之研究》《支那古镜图说》、后藤守一的《汉式镜》、梅原末治的《在欧美之支那古镜》等，对于铜镜曾有精密的研究。

除了铜器和度量衡器之外，近人对于玉器漆器明器瓷器以及古钱都有较进步的研究。玉器的研究，日人滨田耕作著有《竹斋古玉图说》（我国有胡肇椿先生译本，改名《古玉概说》）。我国陈大年先生也

有所藏古玉说明书的出版，对于玉器之由石器演化
而来，以及玉器本身的演变，都很有宝贵的见解。
蒋大沂先生的《古玉兵杂考》里对于圭和璋的制度
也都有新见。漆器方面，日人对于乐浪出土的漆器
很有研究，梅原末治在其所著《中国考古学论考》
一书中，也有关于漆器的考论。我国郑师许先生著
有《漆器考》。民国二十五年长沙楚墓曾出土大量铜
器、石器、漆器、木器、陶器及革帛等物，商承祚
先生著《长沙古物闻见记》一书，对于战国时代的
漆器，不但提供了宝贵的资料，并有所考证。明器
方面，日人滨田耕作著有《中国古明器泛象图说》；
我国郑德坤先生著有《中国明器》一书。郑先生对
于明器的源流曾有精析的分辨。古钱方面的研究，
近年来以丁福保先生的贡献最大，他除著《古钱有
裨实用谭》等书以外，还有《古钱大辞典》的编印，
这使研究古钱的人得到了很大的方便。瓷器方面，
比较上陈万里先生的探索最为深刻，对于宋明二代
龙泉窑的瓷器，还曾作实地的发掘和研究。

第四章
西北文物的发现与著录

第一节　中外考察团在西北考古的成绩

当 19 世纪的后半期，中亚一隅，几成了考古学上的宝库，中外人士到西域去探险的，一时不绝于途，使汉唐的历史文化和西域的史迹，放出许多异彩，使今日要改作或重写这段史实的，得有了最宝贵的史料。

西域探险队以外人所组织的为多，至于国内，仅有与斯文赫定（Sven Hedin）合作而由徐炳昶先生所领导的西北科学考察团，最近更有教育部所组织的西北史地考察团。

　　民国十六年（1927）夏天，由北平中国学术团体协会与瑞典地理学家斯文赫定决议，组织考察团前往新疆探险，定名为中国学术团体协会西北科学考察团，团长二人，中国一人为徐炳昶先生，外国一人即为斯文赫定，另有中国科学家四人参加，为袁复礼先生、黄文弼先生、丁道衡先生、詹蕃勋先生，而以黄先生负考古的责任，考察时期定为二年。遂于是年五月九日自北平出发，循平绥路至包头，九月至额济纳河，十七年一月抵哈密。同年春夏间，因斯文赫定与德国汉萨（Hansa）航空公司所订用的新式飞机航行天山南路的计划不能实现，德国团员纷纷归国，全团经费复发生问题。及斯文赫定回国筹划就绪，而新疆当局对于考查团的行动又加以限制，徐先生与斯文赫定不得已，乃于十七年底决定中止穿行沙漠的计划，先返北平；一部分团员则仍留各地工作。记述这一次考察经过的，徐炳昶先生撰有《徐旭生西游日记》三册，斯文赫定撰有《长征记》(*Auf Grosser Fahrt Leipzig*. 1929. 此书有李述礼先生译本)。

　　此次探险，在考古学上贡献极大，发见长城遗址，且于居延故塞发见汉代居延都尉府的简牍约两万片，于吐鲁番发见高昌古墓群，得砖陶甚多，于罗布淖尔得汉代简牍及其他古物，于库车得壁画及写经亦不少。黄文弼先生编为《高昌》一册、《高昌》第一分本一册、《高昌砖集》一册、《高昌陶集》一册、《罗布淖尔考古专刊》。前五种已出版，后一种已编校完毕，惜至今尚未刊行。由黄先生《高昌砖集赘言》中，知其《新疆考古报告》的程序，系以地为纲，首为高昌，次蒲昌（即罗布淖尔），次焉耆，次龟兹，次法沙，次于阗，共为六辑。甚盼其能早日编成问世也。此外更有一些记述此次考古经过的论文：《蒙新旅行之经过及发现》（北京大学《国学季刊》第二卷第三号），《天山南路大沙漠探险谈》（《女师大学术季刊》第一卷第三期），《西北科学考察团在新疆考古情形》（同上第四号）。

　　黄先生复于民国二十一年秋天，奉教育部命令至蒙古新疆两地考察教育及文化，随铁道部所组织的新绥公路勘察队至新疆，经蒙古草地，于二十二年春天到哈密，秋天即返迪化而还南京。此次复在罗布淖尔等地工作甚久，所得古物亦极丰，其《罗布淖尔考古专刊》所述，即有此次所得的遗物。其记述此两次发现的论文有：《蒙古新疆两地考古经过》(《责善》半月刊一卷三期)、《罗布淖尔考古专刊叙录》(同上二卷六期)。今黄先生复又作第三次新疆探险，所得未详。

西北史地考察团为教育部所组织，于民国三十一年曾至居延敦煌诸地考察。

关于外人考察我国西北的，为数甚多，包括美、英、法、俄、德、匈、瑞典、日本诸国。向达先生于其所译《斯坦因西域考古记》中，附有19世纪后半期西域探险略表，系由日人石田干之助《中央亚细亚探险之经过及其成果》一文所附的年表增补而成，所列极为详细。本节所述，仅择其重要的几次而已。

斯坦因（A. Stein）本为匈牙利人，任职于印度政府，自清光绪二十六年至民国十九年（1900至1930），前后曾在我国西北作四次考察：

第一次：光绪二十六年至二十七年（1900—1901）；

第二次：光绪三十二年至三十四年（1906—

1908);

　　第三次：民国二年至五年（1913—1916);

　　第四次：民国十九年（1930）。

　　其第一次系在塔里木盆地探察，于和阗附近沙碛中，掘得壁画及简牍极多，此外尚有各种语文的佛经残卷，编有《和阗沙埋废迹记》(*Sand-Buried Ruins of Khotan*）一书和《古代和阗考》(*Ancient Khotan*）二册。后书第一册为本文，第二册为图版，极为精美。本文后又附有 Chavannes, A. H. Franke, Bnshell, Rapson, Thomas, Church, Léczy, Margolinth 诸人关于其所得遗物的考释。第二次复由塔里木盆地，至甘肃敦煌及敦煌西北部长城遗址，从事发掘，得简牍极多。次年五月复在敦煌千佛洞石室中，取得石室藏书及古代艺术品，满载而归印度。其后编有《西域图考》(*Serindia*）五册、《千佛洞记》(*The Thousand Buddhas*）和《沙漠契丹废址记》(*Ruins of Desert Cathay: Personal Narrative of Exploration in Central Asia and Westermost China*）二册。第三次则由帕米尔转道新疆，复得简牍及敦煌石室藏书五百七十卷，编有《亚洲腹地考古记》

（*Innermost Asia*）四册。第四次来中国，欲谋再举，为我国政府所阻而止。

勒柯克（A. Von. Lecoq），德国人，曾组考察团来我国西北两次：

第一次：光绪三十年至三十一年（1904—1905）；

第二次：民国二年至三年（1913—1914）。

第一次在吐鲁番作大规模的发掘，沿天山北路至塔里木盆地探察，所得壁画及古物古文书甚多，编有《中亚古希腊佛教艺术考》（*Auf Hellas spureu In Ostturkistan*）和《高昌》（*chotscho*）。第二次亦至新疆。当勒柯克第一次考察仍留新疆的时候，德国格鲁威德尔（A. Grünwedel）复率另一考察团来中国，与之合作，至光绪三十三年（1907）夏天始告结束。二人合编有《古代库车考》（*Alt-Kutscha*）。勒柯克更编有一部《中亚美术及文化史图集》（*Bilderatlas zur kunst und Kultu-rgeschichte Mittel-Asiens*），其中图版是总集前三次所得的古物，且附有说明。

伯希和（P. Peliot）为法国著名的汉学家，奉其国教育部、安南河内远东学院及法国学士院金石文艺部三者的命令，曾组织考察团来我国西北探险，探险

时期自光绪三十二年至三十三年（1906—1907），为
时虽短，所得却很不少。伯希和逾葱岭，沿塔里木
盆地北段而入甘肃在库车发掘一佛寺遗址，在敦煌
千佛洞取得石室藏书，远较斯坦因所得为重要。渠
著有《中国西域探险报告书》(*Le Rapport de U. Paul
Paliot sur Sa Massion an turkestan Chinois*，有陆翔先生
译文）。此为清宣统二年（1910）二月二十五日法国
考古学院开会时，伯希和所宣读的报告书，刊《考古
学院院刊》1910 年 12 月刊（中译文刊《说文月刊》
第二卷）。其专记千佛洞的有《甘肃中古书库的发见》
(*Une Biliothèque Médiévale Retrouvér an Kan-su*)，　文
刊《河内法国远东学院院刊》1908 年第 8 期，此为
伯希和在千佛洞所记的日记。

　　科智洛夫（P. K. Kozloff）俄人，于光绪三十三年
至三十四年（1907—1908），曾组织考察团入蒙古探
险。光绪三十四年，在宁夏北部加是诺尔额济纳河
畔，掘得西夏黑城（Kara Khoto）故址，得古器物及
西夏文书籍甚多，其有裨于史学的地方不少，今均藏
列宁格勒人种博物馆。渠编有《蒙古安姆多与黑水死
城》(*Mogolia, Amdo and the Dead Town Kara-Khoto*)。

橘瑞超、大谷光瑞，日人，于光绪二十八年至民国三年间，曾组织中亚探险队，由西比利亚入新疆北部及甘肃，前后凡三次：

第一次：光绪二十八年至三十年（1902—1904）；

第二次：光绪三十四年至宣统元年（1908—1909）；

第三次：宣统二年至民国三年（1910—1914）。

第一次由大谷光瑞与渡边哲信、堀贤雄、本多惠隆、井上弘圆一行五人，自伦敦出发，经俄国，抵里海沿岸的缚喝（Balkh），由此过撒马尔罕、科干德（Kokand）绿洲，越咀剌健（Talixkan）岭，而入喀什噶尔至叶尔羌；大谷与本多井上分道转克什米尔而入印度，渡边与堀氏则留库车、和阗；光绪三十年年底方东归。第二次则由橘瑞超与野村荣三郎二人于光绪三十四年自北平出发，在吐鲁番，库车及喀喇和卓附近木头沟等地考察；次年，转入南路，往来于罗布淖尔沙漠中，寻求汉代楼兰国的故址；九月入叶尔羌，复访求唐代斫句迦国的故址。第三次为橘瑞超、吉川小一郎二人，橘瑞超当结束第二次探险后，即转道印度赴英，复由伦敦出发经俄国而至新疆，在塔里木盆地及吐鲁番、敦煌一带考察，三年有余，始沿阿拉善山脉东行，入戈壁沙漠，经黄河北鄂尔多斯一带，由山西包头、归化而抵张家口，始由北平而返其本国，所得典籍及美术品极多。大谷光瑞编有《西域考古图谱》二册；橘瑞超编有《中亚探险》一册。斯文赫定由光绪二十年至民国二十四年，曾考察中亚七次。其中一次系与我国合作，已具述如上。所贡献以地理方面为大。记其旅行生活而颇为简单的，有《亚洲腹地旅行记》(*My Lite As An Explorer*，有李述礼先生译文）。其在考古学上，以发现楼兰故址最为重要，所得遗物由德国维斯巴登的语言学家喀尔亨利（Karl Himly）加以整理，确定其地即为汉代的楼兰。喀尔死后，复由孔拉（Conrady）教授加以研究，编有《斯文海定楼兰所获缣素及简牍遗文》(*Die Chinesischen Handschriften und Sonstigen, Kleinfunde Sven Hedins in Lou-Lan*）。

第二节　汉晋简牍的发现与著录

清代光绪二十六年（1900），斯文赫定在楼兰故址，今罗布淖尔地方，发见晋代简牍，已编入前述的喀尔亨利及孔拉书中，向达先生曾摘录其一部分为《斯文海定楼兰所获缣素简牍遗文抄》，刊《国立北平图书馆馆刊》第五卷第四号。斯坦因第一次考察，曾于和阗附近得晋代简牍。第二次在罗布淖尔及敦煌长城废址得汉晋简牍极多，尤以敦煌汉简为最重要。此批史料，由法国汉学家沙畹（Ed. Chavannes）博士编为《斯坦因所获中国简牍考释》（*Les Documents Chinois Decouverts Par Aurel Stein Dans les Sables Du Turkestan Oriental*），所收共九百九十一片，共分三编：

第一编：第一片至七百零九片，系敦煌西北古长城废址所得的遗物。

第二编：第七百二十一片至九百五十片，系蒲昌海北楼兰废址所得的遗物；其中少数系为斯坦因第一次考察在尼雅所得，自九百四十片至九百五十片。

第三编：第九百五十一片至九百七十四片，系在和阗东北玛咱托拉一地所得；第九百八十一至九百八十三片则为拔拉滑史德一地的遗物。

后罗振玉、王国维二人，自沙畹书九百九十一片中，取五百八十八片，编为《流沙坠简》三卷，

《考释》三卷，《补遗》一卷，《附录》一卷。第一卷为小学术数方技书，共八十片，由罗振玉署名。第二卷为《屯戍丛残》，分簿书、烽燧、戍役、廪给、器物、杂事六类，由王国维署名。第三卷为《简牍遗文》，由罗氏署名。《补遗》一卷所收的，为斯坦因《古代和阗考》第二册中所载的尼雅木简。附录为日本橘瑞超在罗布淖尔所得西域长史李柏书稿。后王氏复撰有《流沙坠简补正》一卷，贺昌群先生更撰有《流沙坠简校补》，刊《北平图书馆馆刊》第八卷第五期，均对此书有所补订。

沙畹考释系就斯坦因所得选录而成，后其剩余由法国汉学家马伯乐（Maspero）寄与张凤先生，张先生乃以沙畹原书为初编，以此为二编，编为《汉晋西陲木简汇编》，然此所谓二编在史料上的价值极低。

西北科学考察团于民国十九年（1930），在汉代居延故塞发见大批汉简，曾由马衡先生、向达先生、贺昌群先生、余逊先生分作释文，由商务印书馆在香港影印，书未出而太平洋战争爆发，其下落不明。幸由劳干先生用原简的反体照片，编为《居延汉简考释》六卷（《释文》四卷、《考证》二卷）。《释文》四卷的分类为：

（一）文书：书檄，封检（附邮驿记载），符卷，爰书（以上卷一）。

（二）簿录：烽燧、戍役、疾病死亡、钱谷（以上卷二）、器物，车马、酒食、名籍、资绩、簿检、计簿、杂簿（以上卷三）。

（三）信札。

（四）经籍：历谱、小学、六艺诸子、律令、医方、术数。

（五）杂简：有年号者，无年号者（以上卷四）。

居延汉简在出现时期上虽较敦煌汉简为后，但在量上却较之多出数倍。

国立西北图书馆藏有汉简三十，亦属居延所出，见刘国钧先生的《跋裴元善旧藏汉简》，刊《书学》第一卷第四期。

第三节　敦煌石室所藏典籍的发现与著录

敦煌石窟寺在鸣沙山，一石室中藏有典籍甚多，大概为宋初所藏，其外则饰以壁画。清光绪二十五年五月二十五日（1901）道士扫除积砂，壁破，藏书始发见。据斯坦因所记，卷子在石室中系紧紧的一层一层乱堆在地上，高达十英尺左右，据后来的推测，将近有五百方英尺左右，石室仅约有九英尺见方，两人处其中，已无多少余地。斯氏在组织第二次考察团来中国时，即由洛克齐（professor de L'oczy）教授告以敦煌千佛洞壁画的美丽与考古学的价值，故渠于光绪三十三年（1907）至敦煌凡两次。其第二次到敦煌的时候，即听到藏书发现的消息，乃与该寺王姓道士几经商议，由斯氏捐与该寺一大笔款项，易取藏书甚多。四月之后，复得一部分。总共此次所载去的，由斯氏自己所记，为写本二十四箱，美术遗物五箱。民国三年（1904），斯氏再至敦煌时，又由王道士手售与一批，共五大箱，约六百多卷。现均存伦敦不列颠博物院，所藏历来均未公开，目录的编制亦最近方告完成，尚未刊印，故其确数尚不得而知。向达先生所经眼的，曾到六九六三号，外尚有刊本二十余卷，其他域外语文写本二百余卷，是则斯氏所带去的，当在七千卷以上。其美术遗物今存于印度新德里古代中亚博物院中。罗福苌先生著有《伦敦博物馆敦煌书目》，刊北京大学《国学季刊》第一卷第一期，系据法人沙畹所钞的书目重为编定。向达先生亦有《伦敦所藏敦煌卷子经眼目录》，刊《图书季刊》新第一卷第四期。

　　当斯坦因第一次取去敦煌藏书的第二年，法国伯希和亦去敦煌，复由王道士售与大批卷子。伯氏返法时，路过北京，始为中国学术界所闻。当其在六国饭店展示此批写本时，操着满口流利的中国话，一场畅谈，使在场的罗振玉诸人为之惊叹不已。今存巴黎国家图书馆的，自二○○一号至三五一一号，共一千五百多卷。罗福苌先生有《巴黎图书馆敦煌目录》，系译自日人狩野直喜在巴黎所抄录的，仅有三分之一，刊北京大学《国学季刊》一卷四期。除巴黎图书馆外，尚有五百多卷在伯希和家中，王重民先生编制《国家图书馆所藏敦煌书目》时，始尽得见。所得美术遗物则藏集美（Guimet）博物院及卢浮宫中。

　　当伯希和路过北京展示其所得后，罗振玉、李盛铎等乃吁请学部，将所馀敦煌卷子运京，交京师图书馆保存（即今北平图书馆的前身）。此项残存，陈垣先生编有《敦煌劫馀录》六册，凡得八千六百七十九号，复由胡鸣盛先生检阅未登记的残叶，又编成一千一百九十二号，共为九千八百七十一号。

其余散在私家的尤其不少，如罗振玉、李盛铎均藏有很多，李氏即有四百卷左右，有简目流行，今已售于日本。当敦煌卷子全部运至北京时，王道士藏匿者犹不少，斯坦因第二次所得的即此，其馀则藏在两大转经桶中及新塑佛像内。前者今已无存，大部均落在当地士绅的手中；后者最近敦煌艺术研究所曾发见一部分，共编为六十八号。

著录石室藏书的，以罗振玉为最多，有《敦煌石室遗书》十二种、《鸣沙石室古佚书》十八种、《鸣沙石室佚书续编》、《鸣沙石室古籍丛残》三十种、《敦煌零拾》七种、《贞松堂藏西陲秘籍丛残》三集；所集多为巴黎图书馆及其本人所藏。

北平图书馆所藏的一小部分，由许国霖先生编为《敦煌石室写经题记》与《敦煌杂录》二册，向达先生亦曾编为《敦煌丛钞》，所钞共若干种，刊《国立北平图书馆馆刊》中。巴黎图书馆所藏，刘复曾录出一部分，编为《敦煌掇琐》。其他尚有蒋斧的《敦煌石室遗书》，蒋斧编、罗福苌补的《沙州文录》，王仁俊的《敦煌石室真迹录》甲乙集，所收多为巴黎图书馆所得的遗物。

第四节　宗教典籍美术遗物的发现及其他

中世纪中央亚细亚所流行的宗教，以佛教为最有势力。此外则有火祆教，以其发源于波斯，故又称波斯教，以火为神，极情崇拜。又有摩尼教，乃由摩尼所创，为二元性的，其教义既一方面承认火祆教，同时又收入佛教与基督教的教义，而成为一种混合的宗教。又有景教，本为基督教的一派，为五世纪时君士坦丁堡的一个主教聂氏托里（Nestorius）所创，以为基督是人间的神，基督的母亲玛利亚，不能称为神之母，而应称为人之母，基督虽为神，而圣母玛利亚却不能为神，其说在欧洲不能通行，乃转向亚洲，遍及于波斯、印度及东方诸国。这四种宗教的经典，在中亚及敦煌石室中都有发现，以佛教的为最多，景教摩尼教次之，而火祆教则仅有一断叶而已。

著录敦煌石室佛教典籍目录的，有李翊灼的《敦煌石室经卷未入藏经论著述目录》(刊《古学汇刊》第三卷第二号)、罗振玉的《日本橘氏敦煌将来藏经目录》(见《雪堂丛刊》)。叶恭绰先生亦有《旅顺关东厅博物馆所有敦煌出土之佛教经典》，刊《图书馆学季刊》第一卷第四号。在日本有矢吹庆辉的《斯坦因搜集敦煌地方出土古写佛典解说目录》、《英国博物馆藏敦煌出土古写经典目录》。高楠顺次郎在《大正藏》第十九也有《敦煌本古逸经论章疏并古写经目录》。其他如大谷光瑞考察团所得，有西晋元康六年题记的《诸佛要集经》、西凉建初五年的《法华经》及善导大师《阿弥陀经跋语》，其余尚不少，均系西域发现，见前举大谷光瑞书中。

关于景教，以前仅有西安出土的《大秦景教流行中国碑》。在西北探险后，所得的新资料不少，尤以德国考察团在吐鲁番库车一带所掘得的《福音书》、《赞美歌》之类为多，俱用窣利语写成，又发见若干寺院遗址及壁画断片。至其经典，巴黎图书馆有《景教三威蒙度赞》一卷，系伯希和在敦煌石室所得，附有《景教经名》三十五种。李盛铎藏有《宣元至本经》一卷、《志玄安乐经》一卷。日人高楠顺次郎复得《序听迷诗所经》一卷。更有《一神论》一卷，亦在日本，其中如译玛利亚为末艳，耶稣为"移鼠"、"翳数"、"夷数"，且有叙述圣母怀妊及耶稣诞生的概略，及摩西《十诫》等。

摩尼教经典在敦煌亦有发见，见日人羽田亨的《新出波斯教残经考》，刊《东洋学报》第二卷第二期。石田干之助亦有《敦煌发见摩尼光佛教法仪略考》，刊《白鸟还历纪念东洋史论丛》。此外勒柯克在高昌尚发见有回鹘文的摩尼教经典。

火祆教的遗物几无发见，据勒柯克说只有一碎叶而已。

美术遗物在西域及敦煌石室中发现甚多，见前举诸书中，均属断片。惟敦煌壁画，在艺术史上的价值很高，自伯希和前往，为之编号摄影后，方为人所注意。伯氏编有《敦煌图录》六册（*Les Grottes de Touen-Houang*），每册收照片六十四幅，系属活叶。贺昌群先生曾据此书编为《敦煌佛教艺术的系统》，刊《东方杂志》第二十八卷第十七期。劳干先生编为《伯希和敦煌图录解说》，刊《说文月刊》第三卷第十期。我国学者专赴敦煌考察壁画的，最早有陈万里先生，编有《西行日记》。近西北史地考察团亦专赴其地考察，有向达先生的《论敦煌千佛洞的管理研究》，刊《文史杂志》第四卷第一二期。近教育部成立敦煌艺术研究所，对此作专门的研究与整理，但最近已有裁撤说。最近向锦江先生曾往敦煌考察，有《记敦煌》一文，刊《中学生杂志》第九十一期，对于千佛洞的雕塑壁画也曾作约略的记述。

此外，诸西北考察团更获有其他的典籍。如最早斯文赫定在罗布淖尔曾发见《战国策》的断片，橘瑞超在吐鲁番得有《论语》、《汉书·张良传》、《史记·仲尼弟子列传》的断片，柯智洛夫在黑城得有《易经》、《庄子》、《刘知远诸宫调》、《番汉合时掌中珠》诸书；尤以末二种为最重要，《刘知远诸宫调》为今日留存最早的一本诸宫调著作，《番汉合时掌中珠》为西夏文的字典，中外学者由此方读通西夏的文字。在敦煌及西域更出有唐代户籍不少，此为治社会史者最宝贵的史料；陶希圣先生曾将已经发表的，汇编为《唐代户籍簿丛残》，为所编《食货》半月刊的一个特辑。

第五章
内阁大库军机处档案与太平天国史料的发现与著录

第一节　内阁大库军机处所存档案的整理与著录

内阁为明清两代政令所从出，自清雍正以后，其权始为军机处所夺，故其所存旧档，大部分是明末清初的遗物。由《内阁大库档册》(刊《玉简斋丛书》)，知所藏分存六库，其编目为礼乐射御书数，前四库为档案，后二库则多为典籍。档案从时代上可分为三类：(一)明档。(二)清档。(三)清盛京旧档。清宣统元年，大库屋坏，乃以所藏移于文华殿两庑，极为零乱。时张之洞以大学士军机大臣管学部事，奏请以大库所藏书数两库的典籍，成立学部图书馆（即今北平图书馆的前身）。其他礼乐射御四库所存的旧档，阁议则以"旧档无用"四字，奏请焚毁。时罗振玉任学部参事，派赴内阁接收书籍，见所有旧档俱近代史上极可宝贵的史料，因此请于张之洞，将此归学部收藏，案卷之类贮于国子监南学，试卷之类则贮于大堂后楼。民国二年教育部设历史博物馆筹备处于国子监，五年移于午门端门，乃移南学及学部所藏的档案与试卷，存于端门门洞中。民国十年，历史博物馆为经费积欠，无法工作，乃将较破碎的档案，装八千麻袋，共十五万斤，以四千元的代价出售于同懋增纸店，为造还魂纸的原料。事为罗振玉所知，乃以三倍的价值将原物买回，存于北平天津两处，曾略加整理，编有《史料丛刊初编》十册。其后李盛铎复以一万六千元的代价，从罗振玉处购去。"中央"研究院历史语言研究所复由马衡先生的介绍，以一万八千元购藏，乃成立明清史料编刊会，由陈寅恪、朱希祖、陈垣、傅斯年、徐中舒诸先生总其事，编有《明清史料》三集，每集十册，共三十册，分甲乙丙三编，丁编本已编成而沦于香港。其历史博物馆所存，较为完整的，则于民国十一年移存于北京大学，该校分三部整理：一分朝代，二摘由，三整理内容，曾出有目录一巨册，复编有《顺治元年内外官署奏疏》、《洪承畴章奏文册汇辑》。

军机处为清雍正以后政府实权所寄的地方，民国十三年故宫博物院将其所藏档案移存于大高殿中，择其重要的加以整理，初刊有《掌故丛编》十册。其后乃易名为《文献丛编》，更将其性质类近的编为专刊，如《三藩史料》、《文字狱档》诸书，而以外交史料为最有价值，有：《嘉庆朝外交史料》六册、《道光朝外交史料》四册、《清光绪朝中日交涉史料》八十八卷、四十四册、《清光绪朝中法交涉史料》二十二卷十一册、《清宣统朝中日外交史料》六卷三册。

第二节　太平天国新史料的发现与著录

太平天国为近代民族革命运动的一大波澜，惟清政府官书视之为盗寇，其遗文遗物遭毁灭殆尽。但其典章诰谕，多留存于海外图书馆中。国人至海外抄录此种史料的，最早为刘复的《太平天国有趣文件》十六种，但多为琐碎小品，史料上的价值很低。同时程演生先生更由巴黎东方语言学校录得太平天国原书八种，编为《太平天国史料》第一集，其目为：《天命诏旨书》、《颁行诏书》、《天父下凡诏书二部》、《太平诏书》、《天朝田亩制度》、《建天京于金陵论》、《贬妖穴为罪隶论》。

　　民国二十一年萧一山先生至英国，复从大英博物院中摄得太平天国原书二十二种，更加以中央图书馆在扬州所得的一种，编为《太平天国丛书》第一集，其目为：《王父上帝言题皇诏》、《旧遗诏圣书》、《新遗诏圣书》、《天条书》、《太平诏书》、《太平礼制》、《太平军目》、《太平条规》、《太平天国癸好三年新历》、《幼学诗》、《太平救世歌》、《诏书盖玺颁行论》、《天朝田亩制度》、《天情道理书》、《御制千字诏》、《行军总要》、《天父诗》、《醒世文》、《王长次兄亲目亲耳共证福音书》、《钦定士阶条例》、《幼主诏旨》(以上为英国所藏)、《英杰归真》(此为中央图书馆所得）。更编有：《太平天国诏谕》一卷，《太平天国书翰》一卷。此外萧先生在国内各杂志如《逸经》、《经世》、《国闻周报》曾发表了不少的太平天国史料，如《太平天国诏旨抄》（见《逸经》与《经世》）、《戈登文书》（一部分曾见《国闻周报》）、《粤匪起事根由》、《洪秀全来历》、《洪仁玕自述》、《太平兵册》（均见《经世》）。更加以《遐迩贯珍》中之太平史料及《资政新编》等书，编为《太平天国丛书》第二集，书未出而毁于香港。

谢兴尧先生亦曾辑有《太平天国丛书》，共三辑，凡十二种，除第一辑为其本人论著，第三辑为《太平诗史》外，第二辑为《珍籍汇编》，所收史料亦不少，其目为：《金陵癸甲纪事略》一卷、《附粤逆名目略》一卷（谢介鹤撰）、《粤逆陷宁始末记》四卷（陈锡麒撰）、《癸丑中州罹兵纪略》一卷（陈善钧撰）、《庚申避难实录》一卷（赵伟甫撰）、《越州纪略》一卷（古越隐名氏撰）、《俭德斋随笔》一卷（胡辰龄撰）、《干王洪仁玕等口供》（凡洪仁玕口供一篇、幼天王洪福瑱恤王洪仁政昭王黄文英口供各一篇）。王重民先生至英国剑桥，复抄摄太平天国文献数十种，有《剑桥太平文献新录》，刊《国闻周报》第十三卷第九期；其已发表于《逸经》的，有《太平天国》、《剑桥所藏之太平天国文件》、《钦定军次实录》。复拟汇刻《太平天国官书新编》十种，目录为：《天理要论》、《太平天国甲寅四年新历》、《戊午八年新历》、《太平礼制》、《己未九年会试题》、《资政新编》、《干王洪宝制》、《钦定实录》、《诛妖檄文》、《太平天国》，其书尚未刊行。

罗邕先生编有《太平天国诗文钞》二册，其中真伪杂陈，以俞大维先生所录德国柏林图书馆所藏为最可贵。

抗战而还，太平天国史料亦曾发见数起，如《幼赞王蒙时雍家书》、《干王致英教士艾约瑟手札》（以上俱见简又文先生《金田之游》）、《瑞天豫傅廷佐等告示》、《瑞天豫傅廷佐等致李短鞑蓝大顺书》、《翼王给涪陵人民谕》、《翼王布告》（以上俱见《说文月刊》三卷十一期），均极珍秘。此外故宫博物院所刊行的《掌故丛编》、《文献丛编》中，亦有不少的太平天国史料。

下 编
近百年中国史学的后期

第一章
史籍的撰述与史料的整理

第一节　近代史的撰述与史料的整理

所谓近代史，现在史家对于它的含义与所包括的时代，有两种不同的看法。第一种认为新航路发见以来，世界的交通为之大变，人类生活与国际关系，较之中古时代，显然有不同的地方，是为中古史与近世史的分界；这时期历史孕育出未来的局势，每以民族的思想为其演变的原动力；故近世史的范围，实包括近三四百年来的历史，无论中国与西方皆系如此：此派可以郑鹤声先生的《中国近世史》为代表。第二种则认为在新航路发现的时候，欧洲仅产生了商业革命，明季以来，中国虽与西方接触，但并没有显著的影响；其后欧洲产生了工业革命，中国与西方发生新的关系，以中国言方系近代史的开始：此派可以蒋廷黻先生的《中国近代史》为代表。

在这两种不同的看法之下，所产生的近代史著述很多，如陈怀、高博彦、吴贯因、魏野畴、邢鹏举、罗元鲲、梁园东、沈味之诸先生的著述，各有长处。其最完善的，为郑鹤声先生的《中国近世史》。民国十八九年，郑先生在南京中央政治学校教授中国近世史，曾编有讲义，共二十八章，起自明季，至民国初年止。此书即系根据讲义改编而成，全书体大思精，甚为赅备，惜迄今仅出二册。

蒋廷黻先生的《中国近代史》，系从鸦片战争开始叙述，迄于"七七"的抗日战争开始为止。为书仅四章，极为简单，然言简事赅，不愧为名家之作。

郭廷以先生亦有《中国近世史》。郭先生的看法与蒋先生一样，其书搜辑完备，考证精详，惜迄今亦仅出二册。

沈鉴、王栻二先生有《国耻史讲话》。二先生系蒋先生的门人，其为书一本其师说，虽内容不无矛盾与不一贯之处，但用极活泼的语体文叙述，搜集史实又极为正确，这在近代史著作中尚为创作。又陈恭禄先生的《中国近代史》，虽间有错误处，亦甚详备。

在近代史叙述中，国民党对于国家民族的贡献应该占很大的篇幅，而国民党五十年来的历史，也应该是近代史上最辉煌的一部分。关于国民党党史的写作，以邹鲁先生、冯自由先生的贡献为最大。邹先生有《中国国民党党史稿》。此书邹先生曾两加改订，初仅一册，近增为四册，补订初稿的地方不少，所叙极为公正翔实。冯先生有《中华民国开国前革命史》。冯先生身预开国前若干次革命运动，民初时复任临时稽勋局局长，于各省革命事迹的调查不遗余力，所藏革命时代各种笔记报章表册甚夥，故成就特高。此书共三册，三十余万言，分五十一章，所记极为详细。他复有《革命逸史》二集，系仿稗乘而作，足以补正史之缺。

对于近代史史料的整理，有左舜生先生的《中国近百年史资料》初续编各二册。左先生书中所采有价值之材料颇多，但亦杂有价值很低的史料。蒋廷黻先生有《中国外交史资料》，惜其书仅成上中两册，下册迄今未出。王芸生先生有《六十年来中国与日本》，所录甚多不经见的史料。此外中央党史史料编纂委员会近辑有《党史史料丛刊》，今虽仅出两集，但所载不少珍贵的史料。

第二节　通史的撰述

中国通史的写作，到今日为止，出版的书虽已不少，但很少能够达到理想的地步。本来以一个人的力量来写通史，是最困难的事业，而中国史上须待考证研究的地方又太多，故所有的通史，多属千篇一律，彼此抄袭。其中较近理想的，有吕思勉《白话本国史》《中国通史》、邓之诚《中华二千年史》、陈恭禄《中国史》、缪凤林《中国通史纲要》、张荫麟《中国史纲》、钱穆《国史大纲》等。其中除吕思勉、周谷城、钱穆三四先生的书外，其余均属未完之作。钱先生的书最后出而创见最多。

编著中国通史的人，最易犯的毛病，是条列史实，缺乏见解；其书无异为变相的《纲鉴辑览》或

《纲鉴易知录》之类，极为枯燥。及吕思勉先生出，有鉴于此，乃以丰富的史识与流畅的笔调来写通史，方为通史写作开一个新的纪元。他的书是《白话本国史》四册。书中虽略有可议的地方，但在今日尚不失为一部极好的著作。又吕先生近著尚有《中国通史》二册，其体裁很是别致，上册分类专述文化现象，下册则按时代略述政治大事，叙述中兼有议论，纯从社会科学的立场上，批评中国的文化和制度，极多石破天惊之新理论。

张荫麟先生亦欲以极简洁的笔调，集合数人的力量，写一通俗的通史，不加脚注，不引原文，使有井水处，人人皆熟于史事。汉以前由张氏自撰，唐以后则属于吴晗先生，鸦片战后的社会变化则属于千家驹先生，中日战争则属于王芸生先生。惜其书未成。张氏所自撰的有《东汉前中国史纲》一册。张氏英年早逝，甚盼吴先生等能本其书的体例，完成其志愿。

第三节 文化史及专门史的撰述

文化史部门，柳诒徵、陈敦原二先生均有所撰述。柳先生有《中国文化史》二册，所用系纲目体，征引繁富，并有其一贯之见解；陈先生亦有《中国文化史》二册，并称佳著。

民国二十五年商务印书馆有《中国文化史丛书》的编辑，由王云五、傅纬平二先生总其事。王先生有《编纂中国文化史之研究》一文，记其事极为详悉，并附有《拟编中国文化史丛书八十种目录》。惜抗战以后，其出版即较缓慢，太平洋战争爆发，乃完全停止。其已出版的有四十余种，精善的有白寿彝《中国交通史》、冯承钧《中国南洋交通史》、李俨《中国算学史》、郑振铎《中国俗文学史》、王庸《中国地理学史》、姚名达《中国目录学史》等。诸先生均为国内有数的专家，所撰均甚详赅。顾刚与史念海先生也合撰了《中国疆域沿革史》一册。

中国哲学史的研究，以胡适、冯友兰二先生的贡献为最大。胡先生有《中国哲学史大纲》。此书为中国第一本有系统的哲学史，惜今仅出上册。西汉以下，搜集材料已逾二十年，他日成书，必可以震撼全世。胡先生尚有其他论哲学史的文章多篇，均收在《胡适文存》及《胡适论学近著》中。冯友兰先生有《中国哲学史》、《中国哲学史补》、《中国哲学小史》等著作。《中国哲学史》搜材充备，考订精详，态度公允而客观，叙述亦极有条理系统，中国哲学演变的真相，读此书可明白其大概，诚为哲学史中最完善之杰作。

梁启超先生有《先秦政治思想史》，为论中国政治思想史最早的书籍，惟仅限于先秦部分。此外陶希圣先生及萧公权先生均有《中国政治思想史》，陶先生书极有创见，已出四册，仅余清代一册未出。萧先生书分为"创造"、"因袭"、"转变"、"成熟"四时期，现仅出版"创造时期"一册。

又郭沫若先生有《先秦天道观之进展》，傅斯年先生有《性命古训辨证》，均用最新的方法，以甲骨文金文典籍为材料，而叙述先秦时代的中国哲学。二书取径全同，其成就可谓突过前人。

关于中古佛教部分，以汤用彤先生的成就为最大，他有《汉魏两晋南北朝佛教史》。吕澂先生有《汉藏佛教关系史料集》，对于佛教史的研究，抉发幽秘，贡献极大。至于梁启超先生的研究佛教史专门论文多篇，更是这方面研究的先驱，有划时代的价值。

道教史有许地山先生的《道教史》，惜许先生早逝未成。

梁启超对于清代学术极为留心，其本人复为经今文学运动的一员，撰有《清代学术概论》《近三百年学术史》。前书可见清代学术演变的大概；后书本属未定稿，虽较前书为详，然颇凌乱。钱穆先生亦撰有《近三百年学术史》，书中首述两宋学术渊源，以经世明道之旨为依归；正论凡十七家，详人所略，略人所详，与梁氏书取径不同。

中国文学史撰著很多。较重要的，有胡适先生的《白话文学史》，见解极有独到之处，惜未全部完成。陆侃如、冯沅君二先生合撰的《中国文学史简编》，虽简单而不漏。陆、冯二先生更合撰有《中国诗史》，颇称详备，为此类书的创作。

郑振铎先生亦有《中国文学史》，与其《文学大纲》相辅而行，亦详备精到。

郭绍虞、罗根泽两先生各有《中国文学批评史》，二书均尚未完成。郭先生书仅出上册。罗先生书亦仅有前一二册，至隋唐五代而止。现在战事告终，旧业可复，知必有以慰吾人之望。

史学史有金毓黻先生的《中国史学史》，叙述详尽。

关于科学史，有钱宝琮先生的《中国算学史》、李俨先生的《中国算学小史》、陈邦贤先生的《中国医学史》；而竺可桢先生对于中国历史上气候的研究，李俨先生对于中国旧算学的研究，尤有贡献。

关于政治史，有曾资生先生的《中国政治制度史》，已出四册，至隋唐部分，极为翔实。

关于外交史，有张忠绂先生的《中华民国外交史》，书仅出第一册，由辛亥革命（一九一一）叙至华盛顿会议（一九二一）而止。

第四节　断代史研究的成绩

通史的写作，非一个人的精力所能胜任，而中国历史上需待考证的问题又太多，因此最好的办法，是分工合作，先作断代的研究，使其精力集中于某一个时代，作专门而精湛的考证论文，如是方可以产生一部完美的断代史，也更可以产生一部完美的通史。

中国历史的断代，普通都分为：古代史、秦汉史、魏晋南北朝史、隋唐五代史、宋辽金元史、明清史、民国史。本书除古代与元代及民国史另有专章叙述外，其余的都在本节作一个简单的介绍。

关于秦汉史的研究，以劳干先生的成就为最大，所发表的论文如：《两汉户籍与地理的关系》(《历史语言研究所集刊》五本二分)、《两汉各郡人口增减数目之推测》(同前)、《汉代奴隶制度辑略》(同前五本一分)、《从汉简所见之边郡制度》(同前八本二分)、《汉代兵制及汉简中的兵制》(同前十本一分)、《两汉刺史制度考》(同前十一本一二分)、《汉简中的河西经济生活》(同前)、《汉代社祀的源流》(同前)、《两关遗址考》(同前十一本三四分)，俱极精审，发前人之所未发。劳先生对于汉简的研究，其成就亦极大，居延汉简即是全部由其释文而出版的。考证两卷，推论两汉边塞制度，粲然如在目前。

杨树达先生对两汉史实极为专精，有《汉书补注补正》六卷，为王先谦书的功臣。其论文有《两汉婚丧礼俗考》、《两汉丧葬制度考》(《清华学报》四卷一期），考证均极精确。

孙毓棠先生的两汉史研究，多偏重在制度史和经济史方面，其论文有《西汉的兵制》（《中国社会经济史集刊》五卷一期）、《东汉兵制之演变》（同前六卷一期）、《汉代的交通》（同前七卷一期）、《汉代的农民》（《今日评论》一卷十六、十七两期）。

钱穆先生则偏于文化史与学术史的研究，其论文有：《刘向歆父子年谱》、《两汉博士家法考》（中央大学《文史哲季刊》二卷一期）。

史念海先生则偏重于地理与交通的研究，其论文有：《西汉侯国考》（《禹贡》四卷二期）、《西汉燕代二国考》（同前七卷八九期）、《秦汉时代国内之交通路线》（《文史杂志》三卷一二期）。他所画的"西汉地图"业已完成，凡五十幅。

谭其骧先生在沿革地理及内地移民史等方面的成就都很大，而其关于汉代的论文，如《新莽职方考》（在《二十五史补编》内）、《汉百三郡国建置之始考》（《地学杂志》二十二年第二期），亦均贯串史实，可成定论。

汉简除居延所发现的外，更有敦煌汉简，这是在敦煌汉塞所发见的。这一批简牍的考释，自然以法国沙畹博士有凿空之功；但沙氏误释的地方太多，远不如王国维的《流沙坠简考释》。王氏的《屯戍丛残考释》，对于两汉边塞制度的考证，大致都极精确。他更有《汉魏博士考》三卷，亦称精审。敦煌简，贺昌群先生有《流沙坠简校补》一文，对于王氏的考释间有补正的地方。贺先生更有《烽燧考》（中央大学《文史哲季刊》一卷二期），所考定的虽不限于汉代，但所用的材料大部分是居延汉简与敦煌汉简。

此外吕思勉先生有《秦汉史》一书，尚在印刷中，为极伟大的新式断代史。

魏晋南北朝史的研究，以陈寅恪先生的贡献为最大，其所发表的论文有：《桃花源记旁证》（《清华学报》）、《天师道与滨海地域之关系》（《历史语言研究所集刊》三本四分）、《东晋南朝之吴语》（同前七本一分）、《读洛阳伽蓝记》（同前八本二分）、《魏书司马睿传江东氏族条释证及推论》（同前十一本一二分）、《读哀江南赋》（《清华学报》十三卷一期）。魏、晋、南北朝的历史向来研究者甚少，荆榛满目。陈先生以谨严的态度，丰赡的知识，作精深的研究，殆为斯学的权威。

周一良先生对于魏、晋、南北朝史的研究，贡献之多，仅次于陈寅恪先生，其论文有：《北魏镇戍制度考》(《禹贡》三卷九期)、《南朝境内之各种人及政府对待之政策》(《历史语言研究所集刊》七本四分)、《论宇文周之种族》(同前)。

王伊同先生有《五朝门第》二册，排比史料，详实之至。

隋唐五代史的研究，亦以陈寅恪先生的贡献为最大，他撰有《隋唐制度渊源略论稿》一册，《唐代政治史述论稿》一册。二书对于唐代政治的来源及其演变均有独到的见解，为近年史学上的两本巨著。其他论文尚有《连昌宫词笺证》(《中国文化汇刊》第四卷上册)、《秦妇吟校笺》(《清华学报》)、《武曌与佛教》(《历史语言研究所集刊》五本二分)、《李德裕贬死年月及归葬传说考辨》(同前)、《李唐武周先世事迹杂考》(同前六本四分)、《李唐氏族之推测》(同前三本一分)、《李唐氏族之推测后记》(同前三本四分)、《三论李唐氏族问题》(同前五本二分)。

岑仲勉先生治唐史用力最勤，创获亦多，陈先生而外，当推岑氏。著有：《翰林学士壁记注补》（见《史料与史学》）、《补唐代翰林两记》（《历史语言研究所集刊》十一本三四分），足与劳格、徐松的书并驾。其他论文尚有《登科记考订补》（《历史语言研究所集刊》十一本一二分）、《唐集质疑》、《读全唐诗札记》、《读封氏闻见记》、《跋唐摭言》、《续劳格读全唐文札记》、《论白氏长庆集源流并评东洋本白集》、《白氏长庆集伪文》、《白集醉吟先生墓志铭存疑》、《从金泽图录白集影页中所见》、《文苑英华辨证校白氏诗文附按》、《两京新记卷二残卷复原》。惜除第一篇外，馀文均随历史语言研究所其他书刊沦于香港。

此外罗振玉有：《唐折冲府考补》一卷，《唐折冲府考补拾遗》一卷。罗氏此书盖系补劳经原的《唐折冲府考》，谷霁光先生更有《唐折冲府考校补》一卷（在《二十五史补编》内），均极精审。

宋、辽、金、元史的研究，除元史在后面有专章外，这里先叙述宋史研究的成绩。《宋史》成于元末，最为芜杂，明清两代欲为之改作者极多，或其书未成，或已成而不餍人望。邓广铭先生年来取两宋各家类书、史乘、文集、笔记等，将《宋史》各志详校一遍，所费的力量不小，所成就亦极大。其《宋史职官志考证》已刊于《历史语言研究所集刊》中。更有《岳飞韩世忠年谱》、《陈龙川传》及论文《陈桥兵变黄袍加身故事考释》（《真理杂志》一卷一期）、《宋太祖太宗授受辨》（《真理杂志》一卷二期）、《宋史许及之王自中传辨正》（同前一卷四期），宋史的研究，邓先生实有筚路蓝缕之功。

张荫麟先生亦专攻宋史，惟英年早逝，不克竟其全功。但就所发表的论文看来，其成就已很大，仅次于邓广铭先生而已。其论文有：《南宋亡国史补》（《燕京学报》第二十期）、《顺昌战胜破贼录疏证》（《清华学报》第十三卷一期）、《宋太祖誓碑及政事堂刻石考》（《文史杂志》一卷七期），《宋太宗继统考实》（同前一卷八期）。

辽金史的研究，以陈述、傅乐焕两先生的成就为最大。陈先生有《辽文汇》、《辽史补注》之作，其他论文尚有《阿保机与李克用盟结兄弟之年及其背盟相攻之推测》（《历史语言研究所集刊》七本一分）、《曳落河考释及其相关诸问题》（同前七本四

分)、《契丹世选考》(同前八本二分)、《头下考》(同前八本三分)、《头下释义》(《东北集刊》一期)、《契丹女真汉姓考》(同前二期)，所论均极详确。更有《辽国闻见杂录》，似尚未刊行。傅乐焕先生有：《春水秋山考》、《广平淀考附夏捺钵考》、《四时捺钵说论》、《辽史游幸表证补》、《驳池内宏"混同江考"兼论辽史天祚帝纪的来源》(并见《历史语言研究所集刊》十本一分，总名《辽代四时捺钵考五篇》)。更有《宋辽聘史表稿》，刊《历史语言研究所集刊》十本三分，均极精审。

冯家昇先生对于辽史研究的贡献亦大，有《辽史源流与辽史初校》一书。其他更有《太阳契丹考释》(《史学年报》第三期)、《契丹祀天之俗与其宗教神话风俗之关系》(同前第四期)、《辽金史地理志互校》(《禹贡》一卷四期)。

此外谭其骧先生有《辽史订补三种》(《浙江大学文学院集刊》二集)，张亮采先生有《宋辽交聘表》，用力俱甚勤。

金史，陈述先生有《金史氏族表初稿》，刊《历史语言研究所集刊》五本三分及四分。复有《金国闻见杂录》，似尚未刊行。

关于明史的研究，以吴晗、王崇武二先生的贡献为最大。吴先生有《明太祖》一书，为明太祖的传记，叙述生动而翔实。更有《元帝国之崩溃与明之建国》(《清华学报》十一卷一期)，《明成祖生母考》(同上十卷三期)、《明代靖难之役与国都北迁》(同上十卷四期)、《十六十七世纪的中国与南洋》(同上十一卷一期)、《明教与大明帝国》(《清华学报》十三卷一期)等文。王崇武先生有《明代的商屯制度》(《禹贡》五卷十二期)、《明初之田兵与堡塞》(《历史语言研究所集刊》八本三分)、《论明太祖起兵及其策略之转变》(同前十本一分)。李晋华先生致力明史有年，用力极深，有《明史纂修考》。更有其他论文如：《明代辽东归附及卫所都司建置沿革》(《禹贡》二卷二期)、《明懿文太子生母考》(《历史语言研究所集刊》六本一分)、《明成祖生母问题汇证》(同前)、《明史德王府世系表订误》(同前八本二分)，均精确。黎光明先生对明史用力亦极勤，有《嘉靖御倭江浙主客军考》，钩稽排比，至为精当。此外朱庆永先生著有《明末辽饷问题》，刊南开大学《政治经济学报》第四卷，也很详尽。

　　南明史的研究，由于民族主义思想的刺激，在清末时，对于史料的收集与研究，已经有人着手，刘师培及邓实皆欲作《后明书》而未成，师培书已由章炳麟预为之作序。最近则以朱希祖先生用力最深。朱氏藏南明珍秘史料极多，曾在《中央研究院院务月报》二卷七期上发表其编纂《南明史》的计划，惜其书未成，仅有论文:《明季史籍五种跋文》(《燕京学报》第三期)、《南明史籍跋文》(《图书月刊》二卷四期)。谢国桢先生对于晚明史料的搜求，亦费苦心，有《晚明史籍考》，著录完备;还著有《明末社党运动考》一书。

　　明列朝实录，"中央"研究院历史语言研究所曾着手校订，以北平图书馆所藏的内阁大库本为底本，与该所所藏的广方言馆本，北京大学所藏的明钞本两种校订，其事已完成，更复与嘉业堂明钞本及抱经楼本校勘，前后几费时十载，此项工作对于明史研究有极大的贡献。

　　查继佐《罪惟录》一书，实无异于庄廷鑨之《明史》，其钞本原藏吴兴嘉业堂，张阆声先生为之校正，商务印务馆印入《四部丛刊》三编，予治明史者以极珍贵之史料。

清史的研究，以孟森及萧一山先生的贡献为最大。孟氏的贡献在清初及清人开国前历史的研究，有《八旗制度考实》(《历史语言研究所集刊》六本三分)、《清初三大疑案考实》、《香妃考实》。其成就最大的，则为《明元清系统纪》。"明元"谓明代的纪元，"清系"谓清代的世系，"明元清系统纪"即是以明代的纪元叙清代的世系。清人肇基于明初，本为明朝的属夷，至太祖努儿哈赤犹身自朝明廷三次。清代对此种史实均极力为之隐讳，孟氏搜辑群籍，更旁及外国史料，作为长编，期以补明清两史的阙漏，兼发清人隐讳的痕迹。其书初名《清朝前纪》，后方易今名。《清朝前纪》已由商务印书馆为之刊行，增补以后，亦已出版前编四卷，正编十五卷，至嘉靖三年为止。孟先生更有《心史丛刊》三册，其中所收论文，均能复现已亡失的史实。

萧一山先生致力清代史事二十余年，有《清代通史》(上中两册)、《清史大纲》、《清代学者著述表》、《曾国藩》等书。民国八九年间，日人稻叶岩吉的《清朝全史》译本颇流行，其观点极为荒谬，萧先生乃发愤为《清代通史》，先后出版上中两册，约一百二十万言，下册亦有初稿流传。《清史大纲》一册则本其民族革命史观，作简略的叙述，可与通史相辅而行。

太平天国史的研究，以简又文、罗尔纲两先生的贡献为大。简先生有《太平军广西首义史》一册。他对于太平文献向极留心，往年曾拟作《太平天国全史》，此书即为其第一部，由洪秀全的出身及革命运动的酝酿，叙至驰驱八桂，共七卷，四十二节，体例详明，取材丰富，为太平天国史的杰作。除此书外，更有《太平天国杂记》、《太平天国杂记二辑》、《金田之游及其他》，所收论文均精，其中且有新史料不少，如韩山文的《太平天国起义记》、《金田之游》、《蒙山采访记》等。

罗尔纲先生有《太平天国史纲》。罗先生是广西人，对于太平天国革命的史实，从小就听得十分清楚，此书剪裁得当，为简单而扼要的一本太平天国全史。此外更有：《金田起义前洪秀全年谱》、《洪秀全》、《太平天国史丛考》、《湘军新志》。《年谱》叙至洪秀全金田起义时为止。据罗先生自己说，永安建国，南京建都，及在洪秀全领导下纵横中国十五年的太平军苦战史迹，非年谱的体裁所能范围，拟另撰一《太平天国全史》。甚盼罗简二先生的全史均能早日杀青问世。《太平天国史丛考》中所收的论文，如《洪大泉考》、《黄畹考》，均精确无可移易。《湘军新志》主要在说明湘军的制度及清代军制的转变，但湘军的兴起与太平天国的灭亡，关系极密切，故也列在此地叙述。

萧一山先生对太平天国史亦注意特深，其所集的《太平天国丛书》一二集中，所收史料，均有极精到的跋语，为很好的太平天国史论文。

此外谢兴尧先生有《太平天国史事论丛》、《太平天国丛书》。后书中所收的《太平天国诗史》，费力至深。又郭廷以先生有《太平天国历法考订》，亦为极费功力之作。

第五节　沿革地理的研究与成绩

沿革地理在清代是一门特别发达的学问，从顾祖禹一直到杨守敬，著作特别多，贡献也绝大；但民国成立以后却慢慢的衰落了。民国二十三年，颉刚与谭其骧先生有鉴于此，在北平创办禹贡学会，并从是年三月一日开始发行《禹贡》半月刊。在发刊词里，曾经提到禹贡学会的具体工作计划，第一个计划是想把沿革史中间的几个重要问题研究清楚，从散漫而杂乱的故纸堆中整理出一部《中国地理沿革史》来；第二个计划是要把研究的结果，用最新式的绘制法，绘成若干种详备精确而又合用的地理沿革图；第三个计划是要广事搜罗所有中国历史上的地名，一一加以考证，用以编成一部可用，够用，又精确而详备的中国历史地名辞典；第四个计划是要完成清人未竟之业，把每一代的地理志都加以一番详密的整理；又地理书籍中往往具有各种文化史料，例如各正史地志什九皆载有州郡户口物产，为最好的经济史料，州郡间有详其民户所自来的，为最好的移民史料，故其第五个工作，是要把这些史料辑录出来，作各种专题的研究。《禹贡》半月刊一直出到第七卷，到七七抗战发生方才停刊。这七卷之中，且出了若干专号，有《利玛窦世界地图专号》、《回教与回族专号》、《康藏专号》、《后套水利调查专号》、《东北研究专号》、《西北研究专号》、《南洋研究专号》、《古代地理专号》。对于上面提到的五个计划，在这七卷半月刊中也部分地做到了。

关于古代沿革地理的书籍，如《禹贡》、《职方》、《山海经》、《穆天子传》，都有专题的研究。关于《水经注》，有贺次君先生的《水经注经流支流目》。

关于各史地理志的整理，有王振铎《汉书地理志水道与说文水部水道比较表》（二卷三期）、李子魁《汉书地理志中所记故国及都邑》（一卷四期）、侯仁之《汉书地理志中所释之职方山川泽寝》（一卷五期）、姚师濂《华阳国志晋书地理志互勘》（二卷四期）、谭其骧《补陈疆域志校补》（五卷六期，十期）、史念海《两唐书地理志互勘》（三卷二期至三卷九期）、聂崇岐《宋史地理志考异》（一卷八期至三卷五期）、王育伊《宋史地理志燕云两路集证》（三卷七期）、谭其骧《辽史地理志补正》（一卷二期）、冯家昇《辽金地理志互校》（一卷四期）、谭其骧《清史稿地理志校正》（一卷二期，九期）。

关于中国地理沿革史的写作，顾刚同史念海先生合撰了一部《中国疆域沿革史》。

沿革地理的研究，以钱穆、谭其骧二先生的贡献为最大。

钱先生的研究偏重于古代部分，有《史记地名考》及《周初地理考》(《燕京学报》第十期)、《古三苗疆域考》(同前十二期)、《楚辞地名考》(《清华学报》九卷三期)、《黄帝故事地望考》(《禹贡》三卷一期)、《战国时宋都彭城考》(同前三卷三期，又见《先秦诸子系年考辨》)、《中国史上之南北强弱观》(同前三卷四期)等论文。

谭其骧先生的研究则遍于沿革史各部分，有《汉百三郡国建置之始考》(《地学杂志》二十二年第二期)、《新莽职方考》(《二十五史补编》)、《论两汉西晋户口》(《禹贡》一卷七期)、《元福建行省建置沿革考》(同前二卷一期)、《元陕西四川行省沿革考》(同前三卷六期)、《释明代都司卫所制度》(同前三卷十期)等论文。

蒙文通先生对古代沿革地理的贡献亦很大，有《古代河域气候有如今江域说》(《禹贡》一卷二期)、

《论古水道与交通》（同前一卷七期，二卷三期）、《赤狄白狄东侵考》（同前七卷一二三合期）、《犬戎东侵考》（同前六卷七期）、《秦为戎族考》（同前）等论文。

王庸先生则集中于中国地理学史的研究，有《中国地理学史》一书的撰述。

冯家昇先生则用其全力于东北史地的研究，有《我的研究东北史的计划》一文，刊《禹贡》一卷十期。更有《东北史中诸名称之解释》（《禹贡》二卷七期）、《东北史地研究之已有成绩》（同前二卷十期）、《周秦时代中国经营东北考略》（同前二卷十一期）、《汉魏时代东北之文化》（同前三卷三期）、《述肃慎系之民族》（同前三卷七期）、《述东胡系之民族》（同前三卷八期）、《蠕蠕国号考》（同前七卷八九合期）、《豆莫娄国考》（同前七卷一二三合期）、《原始时代之东北》（同前六卷三四合期）等论文。

“中央”研究院历史语言研究所拟作《东北史纲》，由傅斯年、方壮猷、徐中舒、蒋廷黻、萧一山五先生合撰，今仅出傅先生所作的第一册。金毓黻先生也有《东北通史》之作，集材至多。他更有《渤海国志长编》二十卷。

日人为了要侵略我国东北，对于我国东北边疆史地的研究，近年来真是不遗余力，其研究所得的成绩也有足供我们作参考的。东北民族在魏晋以后，往往乘中国之衰，崛起立国，鲜卑、契丹、蒙古、女真等族，其史迹都有专著可稽，独粟末靺鞨所建的渤海国，向来没人注意。唐代有张建章《渤海国记》三卷，已散佚，清乾隆年间仅官撰的《满洲源流考》和朝鲜韩大渊的《海东绎史》，曾有史料的搜辑，稍后朝鲜柳得恭著《渤海考》，才对渤海史事作有系统的研究。到最近二三十年日本、白鸟库吉等编撰《满洲历史地理》，对渤海国的研究重新开创风气，民国四年日本鸟山喜一有《渤海史考》之作，后四年我国唐晏便有《渤海国志》一书，民国二十年黄维翰又撰《渤海国记》三篇，始合中韩日三国方面的史料加以编著，到二十三年金毓黻的《渤海国志长编》出版，对于渤海国族的研究，可说已登峰造极，所引我国书籍八十六种，朝鲜书十三种，日本书三十九种，确是一部伟著，只是体例上考证上还不免有可议之处，而史料的搜辑上还不免有疏漏的地方。

第六节　社会经济史研究的成绩

社会经济史的研究，是随着社会革命运动而兴起的，当国民革命军北伐的先后，社会主义勃兴于中国，为探索革命的正确前途，一般革命家都努力于中国社会经济的研究，尤其是集中精力于社会经济史分期的讨论，这样就产生了所谓"中国社会史的论战"（在此以前，刘师培先生已有许多关于中国社会史的新见解，散见于其全部著作中）。

研究社会经济史最早的大师，是郭沫若和陶希圣两位先生，事实上也只有他们两位最有成绩。郭先生应用马克思、莫尔甘等的学说，考索中国古代社会的真实情状，成《中国古代社会研究》一书，这是一部极有价值的伟著，书中虽不免有些宣传的意味，但富有精深独到的见解。中国古代社会的真相，自有此书后，我们才摸着一些边际。这部书的影响极大，可惜的是受它影响最深的倒是中国古史的研究者，而一般所谓"社会史的研究者"，受到它的影响却反不大，这是因为当时的"社会史研究者”，大部分只是革命的宣传家，而缺少真正的学者，所以郭先生这部伟著，在所谓“中国社会史的论战”中，反受到许多意外的不当的攻击。

陶希圣先生对于中国社会有极深刻的认识，他的学问很是广博，他应用各种社会科学和政治学经济学的知识，来研究中国社会，所以成就最大。他的著作繁多，较重要的有《中国社会的分析》、《中国封建社会史》、《南北朝经济史》（与武仙卿先生合作）等书。我们认为：郭先生的贡献偏在破坏伪古史上，而陶先生的贡献却在揭发整个中国社会史的真相，虽然他的研究还是草创的，但已替中国社会经济史的研究打下了相当的基础。

陶先生为集中力量研究起见，发起食货学会，出版《食货》半月刊，在这半月刊中发表文字的，除陶先生本人外，以全汉昇、杨联陞诸先生的贡献为多而重要。全先生有《中国行会制度史》、《唐宋帝国与运河》二书。

陶先生有《周代的诸大族的信仰和组织》，刊《清华学报》十卷三期，杨先生有《东汉的豪族》，刊《清华学报》十一卷四期，至于陶全二先生发表于《食货》半月刊上的论文，有价值的很多，陶先生有：《五代的都市与商业》（第一卷）、《五代的庄田》（同前）、《王安石以前田赋不均与田户改革》（同前）、《十一至十四世纪的各种婚姻制度》（同前）、《金代猛安谋克的土地问题》（同前）、《十六七世纪间中国的采金潮》（同前）、《〈齐民要术〉里田园的商品生产》（第三卷）、《元代长江流域以南的暴动》（同前）、《北宋初期的经济财政诸问题》（第二卷）、《宋代的职田》（同前）等文。全先生有：《中古佛教寺院的慈善事业》（第一卷）、《宋代都市的夜生活》（同前）、《清末西洋医药传入时国人所持的态度》（第三卷）等文。《食货》半月刊中其他研究者发表的论文还多，虽然瑕瑜互见，然其贡献已不少了。

蒙思明先生对于中古社会经济史亦很有研究，所著有《元朝的社会阶级制度》，最近复完成了《魏晋南北朝的社会》一书，精审详博，较前书为尤善。

齐思和先生最近对于春秋战国时代的社会研究得很有成绩，已发表的有《封建制度和儒家思想》（《燕京学报》二十二期）、《战国制度考》（同上二十四期），尚有《中国封建制度考》一书未出版。

　　李剑农先生有《中国经济史讲义》，似尚未刊行。傅筑夫、王毓瑚二先生的《中国经济史料汇编》，近正在搜辑中，全部完成之后，中国经济史的研究，必又有新的进展了。

　　专门刊载社会经济史论文的定期刊物，除陶希圣先生的《食货》半月刊外，更有中央研究院社会科学研究所的《中国社会经济史集刊》，偏重于近代的研究，以汤象龙、梁方仲两先生的成就为最大。

　　中国社会经济史的研究，现尚在草创时期，最近的趋势，似乎已经渐渐脱离宣传革命的窠臼，而走上了研究学术的大路：在这点上，陶希圣先生的功绩，实在不可埋没。以前研究中国社会经济史的人，总把秦汉到清末划成了一个段落，现在已知道东汉以后至中唐以前，社会经济也自成一阶段，这个研究也以陶先生及杨联陞、武仙卿诸先生之力为多。与陶先生派别相近而有贡献的社会经济史研究家很多，不胜介绍，将来当另作一专文论之（马乘风先生有《中国经济史》二册，自上古至汉代为止，材料相当丰富，见解相当正确，亦为此派不可多得之佳著）。

郭陶两派以外的中国社会经济史研究者，人数更多，但有贡献的却甚少，他们不但少有贡献，有的人甚至于反使中国社会经济史的研究走入了歧途，这班人实在够不上称为学术研究者，只是政治上的宣传家而已，在这里恕我们不加赘述了。

第七节　旧形式史籍的撰述与整理

在这一节中，想把应用前期所用的方法而撰述的史籍，或整理的史料，如纪传体的史籍，各史表志的补订及正史的整理等著作均包括起来；有的为了便于叙述起见，在前几节中已经提到了。这些史籍，在形式上虽然是传统的，但在内容上有的却已经超过了前期，其所以归在此节叙述者，不过仅为分节的方便而已。

《清史稿》五百三十四卷。此书经由众手，于重要史料均未寓目，而议论又颇荒谬，今政府已予查禁。

徐世昌著有《清儒学案》。清学案旧有唐鉴书，已见前编，兹不赘论。徐氏此书，自较唐书为博，然由众手所成，论断亦多可议，殊不足以语于著作。近钱穆先生复有《清学案》之作，其书一出，唐、徐二家书自然可废，闻已在刊印中。

朱文鑫《史记天官书恒星图考》一卷，陶元珍《三国食货志》、《三国志世系表补遗》一卷附订讹，罗振玉《补宋书宗室世系表》一卷，聂崇岐《补宋书艺文志》一卷，陈述《补南齐书艺文志》四卷，臧励龢《补陈疆域志》四卷，罗振玉《魏书宗室传注》六卷，谷霁光《补魏书兵志》一卷，傅乐焕《宋辽聘史表稿》。这许多著作，均系对正史的表志等有所补订。

张森楷《史记新校注》一百三十卷、《廿四史校勘记》三百二十卷、《通史人表》二百四十八卷。《史记新校注》，为张氏一生精力所聚，甫成定稿而卒。此书荟萃众本，复详加校勘，订正讹误，折衷异同，皆极精审。《史记》校注前此有日人泷川龟太郎的《史记会注考证》，去取不精，剪裁失当，无足观取。张氏此书，甚盼能早日刊行。

陈垣先生有《旧五代史辑本发覆》三卷。薛居正《五代史》，自欧阳修书出后逐渐湮没。清乾隆时求其书不得，乃从《永乐大典》及诸类书中辑出。陈先生这一本书，即据此辑本而溯其源始，方见其中多改窜的痕迹，如忌虏、忌戎、忌蕃、忌酋、忌伪、忌贼。经过此番工作，知道清政府改窜旧典的事，在薛氏《五代史》辑本中亦甚多。

　　关于古史史料整理的，有于省吾先生的《尚书新证》四卷、《诗经新证》四卷。于先生利用其古文字学的知识，对《诗》《书》两经的新解不少，当为孙诒让以后的第一人。又钟凤年先生有《国策勘研》一书，虽比不上金正炜的《国策补释》，但对《战国策》也有所贡献。钱穆先生的《先秦诸子系年考辨》，虽名为先秦诸子的年代作考辨，而其中对古本《竹书纪年》的研究，于战国史的贡献特大。

第二章
甲骨文字与金文的研究

第一节 《契文举例》与《殷虚书契考释》

甲骨文发见以后，不久即有刘鹗的《铁云藏龟》出版，著录甲骨文字一〇八五片。孙诒让乃据此一小部分史料，撰为《契文举例》二卷。孙氏对于金文本有很高深的研究，此书发明颇多，虽以后新史料大量增加，不少地方须加改正，但有许多仍然是成为定论的。

罗振玉继刘鹗之后，收藏甲骨文极多，所著初有《殷商贞卜文字考》一卷。此书分考史、正名、卜法、余论四部分。其后又撰成《殷虚书契考释》

一卷，其目分为：都邑、帝王、人名、地名、文字、卜辞、礼制、卜法。这是甲骨文发现以后的第一部名著，无论考史释字，俱有很大的发明。后有王国维序，对此书誉扬备至。或谓即为王氏所作，而以五百金售之罗氏的。振玉更有《殷虚书契待问编》一卷，和《释叔》、《释爰》、《与林浩卿博士论卜辞王宾书》、《与王静安徵君论卜辞上甲书》，俱颇有发明。

第二节　王国维郭沫若等的研究与贡献

甲骨文字的研究，自从王国维先生以后，产生了一个划时代的革变，这个革变便决定了甲骨文字这新史料在史学研究上的地位，使已茫昧的商代历史呈现了新的光明，更使以后研究殷商史的人不得不以甲骨文字为唯一可靠的史料。王氏所著有《殷卜辞中所见先公先王考》、《殷卜辞中所见先公先王续考》，《殷周制度论》、《释昱》、《释旬》、《殷虚卜辞中所见地名考》、《殷礼征文》、《古史新证》。王氏研究甲骨文字的贡献，主要的是在证史。例如《先公先王考》对于殷代世系的考证多数精确；王氏据甲骨文证王亥为殷之先祖，谓天乙是大乙之误，《史记·殷本纪》报丁、报乙、报丙之次，当为报乙、报丙、报丁之误；又从甲骨文和《楚辞》证明王亥的弟弟叫王恒，都确不可易。《殷周制度论》与《殷礼征文》对于殷代礼制的探讨及殷周制度的异同，亦均发千古之秘。《古史新证》为王氏在清华研究院的讲稿，集其对古史研究的菁英而成，也是初学研究古史的一部好书。

那时研究甲骨文的，除罗振玉、王国维外，异军特出的有叶玉森，叶先生曾有《殷契钩沈》、《说契》等文，刊《学衡》杂志，遗稿有《殷契书契前编集释》，已刊印。

王氏死后，在甲骨文字研究上，能承继他的，是郭沫若先生。郭先生的成就主要的在殷商史迹的探讨，有《甲骨文字研究》二卷、《卜辞通纂考释》三卷、《卜辞中之古代社会》(见《中国古代社会研究》) 及《殷周是奴隶社会考》、《古代社会研究的自我批判》。其中《卜辞通纂》尤集郭先生研究成绩的大成。

郭先生更有《殷契萃编考释》，这书乃从刘体智所藏甲骨择取十一得一五九五片而成。它的考释中，也有许多新见，例如：日的出入有祭，足证《尧典》"寅宾出日"、"寅饯入日"之为殷礼；风为巢，步有方位，足征殷人神话的残痕。此外，郭先生在《古代铭刻汇考》和《续编》中也有不少新见解。

商承祚、吴其昌诸先生对甲骨文的研究，大体上是继承王国维先生的，都很有成绩。但吴其昌先生的《卜辞所见先公先王三续考》(刊《燕京学报》十四期)，什么"帝立"、"王倪"等的考证，未免有些凿空。商承祚先生的《殷商无四时说》(《清华周刊文史专号》)，也不足为定论。

第三节　甲骨文断代研究的发见与文字考释

甲骨文所包括的时代，自然是从盘庚迁殷到帝辛灭亡二百七十三年的期间。但在这许多年的史料中，某一片应为某王贞卜的甲骨，假如无从断定，则其史料价值当减低不少。甲骨文的断代，在甲骨文字研究上，是最重要的事，而且是刻不容缓的。

这一个浑沌终于给董作宾先生凿破了。董先生最初仅将甲骨文分为五个时期，最近更进而分为十四个时期，因此一片甲骨文在手，即可知其应属于哪一个王在何年何月何日所卜。这一个发现，不惟在甲骨文研究上须划一新的时代，而且从史学上看来，真是其功不在禹下。

"中央"研究院历史语言研究所第一次的殷墟试掘，即由董先生所主持，其后十四次发掘亦大半参加。他根据发掘的经验及研究的心得，撰为《甲骨文断代研究例》(刊《蔡元培先生六十五岁纪念论文集》上)，其断代标准凡十：世系、称谓、贞人、坑位、方国、人物、事类、文法、字形、书体。由此而分为五个时期：第一期：盘庚、小辛、小乙、武丁，第二期：祖庚、祖甲，第三期：廪辛、康丁，第四期：武乙、文丁，第五期：帝乙、帝辛。此文中所持的标准均极精确，尤以用"贞人"来分辨为一绝大的发明。除此外，董先生更有《商代龟卜之推测》(《安阳发掘报告》第一期)、《获白麟解》(同前第二期)、《卜事中所见之殷历》(同前第三期)、《大龟四版考释》(同前)、《释驭骜》(同前第四期)、

《殷历中几个重要问题》(《历史语言研究所集刊》四本三分)、《骨文例》(同前七本一分)、《五等爵在殷商》(同前六本三分)。此后董先生乃专从事于古代历法的研究，积十年之力，撰成《殷历谱》十四卷。此书博大精深，对于甲骨文及殷商史的研究已经发展到很高的阶段。关于殷代历法，刘朝阳先生更著有《殷历质疑》(刊《燕京学报》第十期)。

甲骨的文字考释，以唐兰先生的贡献为最大。他有《古文字学导论》、《殷墟文字记》、《天壤阁甲骨文存考释》。唐先生在古文字学上，所用的有两个方法，一是自然分类法，一是偏旁分析法。这两个方法是由唐先生所发现，前者打破了许慎《说文解字》所用的分类方法，后者对于文字的认识是一个很大的进步。由这一个方法，许多不认识的字都可以认识，而其准确性亦极大。

丁山先生在文字考释上的贡献也很大，有《释疾》(《历史语言研究所集刊》一本二分)、《释梦》(同前)、《释蒙》(同前)、《殷契亡尤说》(同前一本一分)、《宗法考源》(同前四本四分)等文。

陈梦家先生的研究，主要的在商代的宗教神话

与制度，但对于释字，也有很多的发明。其论文有
《释凸》(《考古社刊》第五期)、《释敉》、《释豕》(同
前第六期)、《史字新释》(同前第五期)、《史字新
释补证》(同前)、《隹夷考》(《禹贡》半月刊五卷十
期)、《射与郊》(《清华学报》十三卷一期)、《祖庙与
神主的起源》(《文学年报》第三期)、《古文字中的商
周祭祀》(《燕京学报》十九期)、《商代的神话与巫
术》(同前二十期)。

　　徐中舒先生在甲骨文上的成就，偏重在商史，
有《殷周史料考订大纲》。对于文字的研究，有《皇
王士三字之探源》(《历史语言研究所集刊》四本四
分)，可谓直探奥秘。

　　胡厚宣先生初曾与董作宾先生合编有《甲骨年
表》，最近复有《甲骨学商史论丛》二集，以其勤
劳，颇有贡献；尤以《释四方风名》一篇为善。

第四节　　金文的研究与断代

　　金文的研究，在清代已经萌芽，到了吴大澂与
孙诒让出来，结束了前期的研究，对后期又开辟了

一条大道。吴孙二氏在金文的研究上，可以说有承先启后之功。

　　第一个能够承继吴孙二氏的研究而为之发扬光大的，是王国维先生，他有《古礼器略说》、《观堂古金文考释》(所考释的有毛公鼎、散氏盘、不嬰毁、盂鼎、克鼎)、《周莽京考》、《邾伯鼎跋》、《散氏盘跋》、《克钟克鼎跋》、《铸公簠跋》、《遹毁跋》、《生霸死霸考》、《鬼方昆夷猃狁考》。王先生诸文，如言地理，谥法，民族，历法，多极精确。

　　容庚先生有《金文编》，编录殷周金文，凡收一万六千六百七十二字，这是金文类编的大成。但释文还不免有许多可商之处。容先生还有《殷周礼乐器考略》、《殷周铜器考》。他对于铜器的分析和研究有很精到的地方。

　　全盘整理存世铜器铭文而为之总结的，有郭沫若先生及吴其昌先生二人。郭先生有《两周金文辞大系图录》五册、《两周金文辞大系考释》三册。吴先生有《金文历朔疏证》二册、《金文疑年表》一卷。郭先生所用的方法，根据器铭本身所表现的时代，然后再根据器物、花纹、人名、地名等，辗转互证。由这个方法，于西周文字得其年代或近似的，凡一百六十二器，此为上编；下编则为列国遗物，以国为别，其中亦贯以年代，得列国的文字又一百六十一器，大抵在时代上属于东周。图录分图编与录编，前有《彝器形象学试探》一文，为研究铜器花纹形制的第一篇文章。郭先生这种方法完全是受日人研究铜镜的影响，日人研究铜镜，先把有纪年的镜作根据，以为各时代的标准器，再由此标准器的形式花纹和铭文字体分类研究，这样铜镜的系统便确立了。日人对我国铜镜的研究便因此得到很完美的成绩。吴先生所用的方法，则专据铭文的年月历日用刘歆的《三统历》来推步，其书除《历朔疏证》及《疑年表》外，更有《人器经纬表》、《王号表》、《诸侯王表》、《重见人名表》、《重见史臣表》、《王在王格表》。他所断定的远不如郭先生的可靠，郭先生曾论专据后代历法推步铜器铭文的不足信，认为学者如就铜器铭文的历朔相互的关系来恢复殷周古历，再据古历作标准来校量其他，就可靠了。但在目前所得的资料，还不足以这样的研究。后来高本汉（Karlgren）著《殷周铜器论》，论西周月有四分：即初吉、既生霸、既望、既死霸。西周铜器铭文常见四分的名称，而东周铜器，在六十六器中仅有一器铭文有既生霸，五十五器中二十六器铭日的，都称丁亥。因此他怀疑东周铭文日用丁亥是一种风习，如同汉代铜镜，无论这月内有没有丙午，一律称丙午一样，所以用历法来推算铜器铭文的年月是不可靠的。他更进一步把西周铜器分为两期，穆王以前为前期，以后为后期，根据若干标准器的花纹形制和字体来辨别铜器的年代，据其研究的结果，前期得七十七器，后期得七十五器，无图录而铭文属于西周的二十八器，无法决定的有二十九器，这又是种另辟蹊径的研究方法。

郭先生的《两周金文辞大系考释》，不但是一本有系统考证金文的著作，也是本通释金文的佳作。除此以外，于省吾的《双剑誃金吉文选》，也是本通释金文的名著。

郭先生除上列二大作外，更有《金文丛考》、《金文余释之余》、《金文续考》（在《古代铭刻汇考》内）、《古代铭刻汇考续编》、《殷周青铜器铭文研究》，所论都有独到的地方。吴其昌先生对于金文本有一个很大的计划，拟作《金文历朔疏证》（年表附）、《金文方国疏证》（地图附）、《金文世族疏证》（系谱附）、《金文名象疏证》（字典附）、《金文习语疏证》（韵表附）、《金文职官疏证》、《金文礼制疏证》。惜除《历朔疏证》外，仅成《金文世族谱》、《金文名象疏证兵器篇》四卷，其余都未成书，就作了抗战中的间接牺牲者了。

徐中舒先生对于金文亦有极深邃的研究，所涉范围甚广，其成就仅次于郭沫若先生而已。他有《陈侯四器考释》（《历史语言研究所集刊》三本四分）、《说尊彝》（同前七本一分）、《狩猎图象考》（《蔡元培先生六十五岁纪念论文集》）等文。

丁山先生的研究，在晚周铜器方面的成就最大，所断定的时代均极可信，有《簠太史申鼎跋》（北平研究院《史学集刊》第四期）、《齐叔弓钟铭跋》（同前）、《班殷铭跋》（同前）、《楚公逆镈铭跋》（同前）、《陈骍壶铭跋》（《责善》半月刊二卷六期）、《句趩其夷戈铭跋》（《文史杂志》第三卷一、二合期）。

陈梦家先生、唐兰先生的研究也有相当的贡献。

陈先生有《禺邗王壶考释》(《燕京学报》二十一期)、《陈口壶考释》(《责善》半月刊二卷二十三、四期)。唐先生有《莽京新考》(潜社《史学论丛》第一期)、《古乐器小记》(《燕京学报》第十四期)。

铜器著录的有通检，始于王国维先生的《宋代金文著录表》、《清代金文著录表》，继之有容庚先生的《西清金文真伪存佚表》、罗福颐先生的《三代秦汉金文著录表》《内府藏器著录表》，最近又有福开森先生的《历代著录吉金目》，王、容、罗三先生的著作，都只限有铭之器，不录释文，福开森先生的著作，搜罗最广，收书达八十种，并及无铭之器，并附录释文，很便检阅，都比前此各表为胜。可是福开森先生对于同铭而不同器的，往往混而为一，且不免有张冠李戴之处，对于辨伪也未下工夫，所以还不能使人满意。

第五节　铜器的收藏与结集

在本期中，铜器的收藏者，除公共机关外，私人所藏以罗振玉及刘体智二人为最多。罗氏编有

《贞松堂集古遗文》十六卷、《贞松堂集古遗文补遗》三卷、《贞松堂吉金图》三卷、《梦郼草堂吉金图》三卷、《续编》一卷、《殷文存》二卷、《三代吉金文存》。其中所录以罗氏私人所藏的为最多。刘氏有《小校经阁金文》十八卷、《善斋吉金录》二十八卷、《善斋彝器图录》（容庚先生所编）。

容庚先生及于省吾先生亦各有所藏，容先生有《颂斋吉金图录》，著录的均为其私人所藏。更编有《宝蕴楼彝器图录》，所著录系盛京旧物，今藏北平古物陈列所。复有《武英殿彝器图录》，则系著录热河故宫之物。于先生有《双剑诊吉金图录》二卷，著录其私人所藏。

此外商承祚的《十二家吉金图录》、邹安的《周金文存》六卷（附补遗）、孙壮的《澂秋馆吉金图》，所集录的均为国内所藏。其藏于国外的，已著录者，有容庚的《海外吉金图录》，滨田耕作的《泉屋清赏彝器部》三册续一册，梅原末治的《白鹤吉金集》（以上为日本所藏），叶慈（W. Perceval yetts）的《猷氏吉金录》（*The George Eumor-popoulos Collection Catalogue of the Chinese and Corean Bronzes*）、《寇氏吉金录》(*The Cull Chinese Bronzes*)，伯希和（Paul Peliot）的《中国铜器集》(*Bronzes Antiques de la Chine*)、梅原末治的《欧美所藏中国古铜器捃华》（以上欧美所藏）等。

第三章
元史蒙古史中外交通史的研究

第一节　元史蒙古史研究的成绩

元史的研究，自钱大昕到洪钧，中间有了很大的进步。及柯绍忞与屠寄出来，方独力撰史，不像前此仅作片段的研究与整理。虽其间有魏源、曾廉的《元史新编》与《元书》，但离理想的境界太远，且在那个时候也还未达到撰史的地步。绍忞所撰为《新元史》，二百五十七卷。寄所撰名《蒙兀儿史记》，一百六十卷。绍忞书本纪二十六、表七、志七十、列传一百五十四，共二百五十七卷；有铅印本、木印本两种，以民国十年所刊成的木印本为定本。柯氏为书费时达数十年，徐世昌为总统时，下令使列于正史，增廿四史为廿五史。寄书本纪十八、列传一百二十九、表十二、志一，凡一百六十卷。内本纪缺一，列传缺十一，表缺二，实一百四十六卷。此书初印本八册，后续增至十四册，最后印本则为二十八册；各本的次第微有不同，自应以后印本为定本。柯书体大思精，熔铸新旧史料，实集钱大昕以来研究的大成。近世学者多讥其书不注出处，但柯氏本自作有考异，以省费故，未能刊行。萧一山先生曾亲见原稿，皆引据出处，精审异常。屠书本未成，所用外国史料，均由其子孝实所译，但孝实非蒙古史专家，如所译乞迷亚可亭（Jeremiah Curtin）的《俄罗斯之蒙古》（*The Mongols in Russia*）及《史学史》（*History of Historians*）二书，皆无史料的价值。

陈垣先生对蒙古史钻研极精，所著有《也里可温考》、《元西域人华化考》、《元典章校补》。《也里可温考》于耶稣教在元代的传布状况，考证精博，又于也里可温一名的语源亦有精当的解释。《元西域人华化考》考证回回、畏吾儿、波斯、印度的回教徒、耶教徒、摩尼教徒汉化的状况，弥为精博。

王国维先生在元史方面的成就亦甚大，不亚于其在甲骨文金文及汉简研究上的贡献，其所校注者有《蒙鞑备录校注》、《黑鞑事略校注》、《圣武亲征录校注》、《长春真人西游记校注》，单篇考证有《辽金时蒙古考》、《鞑靼考》、《南宋时所传蒙古史料考》、《元秘史主因亦儿坚考》、《蒙古札记》。

陈寅恪先生和岑仲勉先生对于蒙古史亦有很高的成就。陈先生有《彰所知论与蒙古源流》(《历史语言研究所集刊》二本三分)、《元代汉人译名考》(《国学论丛》二卷一号)。岑先生有《拉施持七十二省之研究》(《圣心》一期)、《蒙古史札记》(《历史语言研究所集刊》五本四分)、《元代天山南路置驿之今地》(同前十本四分)诸篇。

冯承钧先生和姚从吾先生对于蒙古史籍的翻译，均有贡献。冯先生译有《多桑蒙古史》二册、《蒙古史略》一册。姚先生译有《蒙古史发凡》(《辅仁学志》一卷二期)。蒙古史的研究，最近以韩儒林先生的贡献为尤大，所著有《突厥蒙古之祖先传说》(《史学集刊》第四期)、《成吉思汗十三翼考》(《华西大学中国文化研究所集刊》第一卷）、《蒙古答剌汗考》（同前）、《元代阔端赤考》（同前）、《成都蒙文圣旨碑考释》（同前第二卷）、《读蒙古世系谱》（《中国文化研究汇刊》第一卷）、《八思巴字大元通宝跋》（同前第三卷）。

　　杨志玖先生近亦专攻元史，所作《关于马可波罗离华的一段汉文记载》（《文史杂志》一卷十二期），实为不易的定论。

第二节　中外交通史的研究

　　中外交通史的研究，本为元史及西北地理的派衍，但所受的直接影响，却为欧美汉学家的研究成绩。这一项学问，在中国本为新兴的，但在近数十年中，其成绩的表现已颇为惊人，在将来是一定可以驾欧美而上之的。

　　中外交通史的研究，以向达、岑仲勉二先生的贡献为最大。向先生有《中外交通小史》、《中西交通史》、《唐代长安与西域文明》、《明清之际中国美术所受西洋之影响》（《东方杂志》二十七卷一号）。

岑先生有《Kinsay乃杭州音译》(《圣心第一期》)、《Zaitun非剌桐》(同前)、《唐代大食七属国考》(同前)、《南海昆仑与昆仑山之最初译名及其附近诸国》(同前第二期)、《诸蕃志占城属国考》(同前)、《义净法师年谱》(同前)、《佛游天竺记考释》、《唐代戏乐之波斯语》(《东方杂志》四十卷十七期)、《唐代最南大商港AL-Wakin》(同前二十期)。

陈垣先生的研究偏重在宗教方面有《火祆教入中国考》(《国学季刊》一卷一号)、《摩尼教入中国考》(同前一卷二期)、《回教入中国之史略》(《东方杂志》廿五卷一期)、《中西回史日历》。

方豪先生的研究亦多系宗教,且在明清之际,有:《中国天主教史论丛》、《嘉靖间葡萄牙人在宁波被屠问题》(以下俱见《中外文化交通论丛》)、《明季西书七千部流入中国考》(《文史杂志》)、《拉丁文传入中国考》,《浙江外来宗教史略》。

冯承钧先生和张星烺先生的贡献多在史籍的翻译。冯先生译有《西域南海史地考证译丛》四编、《史地丛考三编》、《西突厥史料》、《交通印度两道考》、《昆仑南海古代航行考》、《苏门答腊古国考》;

所著有《中国南洋交通史》、《王玄策事辑》(《清华学报》四卷一期)、《楼兰鄯善问题》(《辅仁学志》)。张先生辑有《中西交通史料汇编》六册，其中外国史料均自亨利玉尔（Henry yule）及亨利高狄埃（Henry Codier）的《契丹及其通道》(Cathay and the Way Thither)中译出，对于不识欧文的人便利不少；更著有：《中世泉州状况》(《史学年报》第一期)、《斐律宾史上李马奔 Limabong 之真人考》(《燕京学报》八期)、《中国史书上关于马黎诺里使节之记载》(《燕京学报》三期)。

冯先生及张先生均译有《马可波罗游记》，前者所译的为法人沙海昂本，后者所译的为亨利玉尔本及拜内戴拖本。惟亨利玉尔本仅刊印有第一册及导言。

黄文弼先生对西域史亦有极深湛的研究，著有《高昌疆域郡城考》(《国学季刊》三卷一期)、《楼兰之位置及其与汉代之关系》(《史学年报》三期)，均发明不少。

姚枬先生、张礼千先生、许珏先生曾创办中国南洋学会，对南洋史之研究贡献不少。姚先生与许先生合作有《古代南海史地丛考》一册，所收论文有：《憍陈如王扶南考》、《缅王莽氏考辨》、《元成宗平缅考》、《郑昭贡使入朝中国纪行诗译注》、《黄金地考释证》、《丹丹考》、《赤土考》、《古印度移民横越马来半岛纵迹考察记》，译著并收，其中论文俱多精审。

第四章
俗文学史与美术史的研究

第一节　小说史的研究

中国小说向来是被认为不登大雅之堂的，其研究完全是由外来的刺激所引起。在欧美，小说是文学很大的一个部门；所以最初研究中国小说史的人，都是对于外国文学有很深湛的研究，如胡适及周树人先生诸人。

胡适先生对于中国小说史的研究贡献最大，在亚东图书馆所标点的著名旧小说的前面均冠有胡先生的考证，莫不有惊人的发现和见解。计有：《水浒传考证》、《水浒传后考》、《水浒传续集两种序》、

《红楼梦考证》、《跋红楼梦考证》、《跋乾隆庚辰本脂砚斋重译石头记钞本》、《吴敬梓传》、《吴敬梓年谱》、《西游记考证》、《跋西游记本的西游记传》、《三国志演义序》、《镜花缘引论》、《醒世姻缘传考证》，所论既博且精，莫不出人意外，入人意中。对于小说史作精密的研究，此为开山工作。

周树人先生对于中国小说史最初亦有贡献，有《中国小说史略》。此书出版已二十余年，其中所论虽大半可商，但首尾完整，现在尚无第二本足以代替的小说史读本出现。

郑振铎先生对于中国小说史的成就也极大，当为胡适先生以后的第一人。其论文有《三国志演义的演化》、《水浒传的演化》、《西游记的演化》、《明清二代的平话集》、《巴黎国家图书馆中的小说与戏曲》，俱收入其所编《中国文学论集》及《佝偻集》中。

孙楷第先生的贡献，则在中国小说史的目录学方面，他有《中国通俗小说书目》、《日本东京所见中国小说书目提要》附《大连图书馆所见中国小说书目提要》等著作。

马廉先生收藏中国小说极富，其论文有《明代之通俗小说》(《孔德月刊》二期)、《旧本三国演义版本的调查》(《北海图书馆月刊》二卷五号)。

张政烺先生学问极为广博，即在小说史研究上亦有很高的成就，如所发表的《封神演义的作者》(《独立评论》二〇九号)、《讲史与咏史诗》(《历史语言研究所集刊》)，其见解均精确不易。中国小说史的研究，虽已有相当的成绩，但是还不曾有大规模的探讨。时局承平以后，这方面的研究，必将日趋兴盛。因为旧小说不但是文学史的材料，而且往往保存着最可靠的社会史料，利用小说来考证中国社会史，不久的将来，必有人从事于此。

第二节　剧曲史的研究

关于剧曲史的研究，第一个有贡献的，是王国维先生。他著有《宋元戏曲史》，真是一本不朽的名著。有了这一本书，然后方有后此许多人的成就。在剧曲史的研究上，这一本书是有凿空之功的。王氏除此书外，更有：《录鬼簿校注》二卷、《唐宋大曲考》一卷、《戏曲考原》一卷、《古剧脚色考》一卷、《优语录》一卷、《录曲余谈》一卷、《曲录》六卷，都是极有贡献的著作。

郑振铎先生的研究是多方面的，其有关剧曲的论断多见于所著《中国文学史》中；论文有《杂剧的转变》（《小说月报》二十一卷）、《传奇的繁兴》（同前）等。

吴梅先生为曲学大师，其研究不在史的方面，故此类论文极少。他著有《元曲研究》、《顾曲麈谈》、《南北曲简谱》等。

卢前先生为吴氏的门人，得其所长；其在史的研究上，贡献亦不多，著有《明清戏曲史》，简单而极为扼要。

冯沅君先生在剧曲史的研究上，偏重于剧场的结构、服装及演出。在这一方面，冯先生的贡献很大，有《古剧四考》（《燕京学报》二十期）、《古优解》、《元明孤本杂剧钞本题记》。他另外还同陆侃如先生合辑有《南戏拾遗》。

钱南扬先生对剧场史亦极有研究，有《宋金元杂剧搬演考》（《燕京学报》二十期），又辑有《宋元南戏百一录》。其他辑录宋元南戏及元人杂剧的，有赵景深先生的《宋元戏文本事》、《元人杂剧辑逸》。
孙楷第先生亦有《吴昌龄与杂剧西游记》(《图书季
刊》新一卷二期)，所论极为精确。还有吴晓铃先生
对于剧曲史有很深邃的研究，如所发表的《元曲作
家生卒新考》(北京大学文科研究所油印论文十四)、
《说旦》(《国文月刊》)，均多精论。

　　元明杂剧以明代臧晋叔《元曲选》所著录的为
最多；但臧氏对这些史料任意加以删改之处亦很不
少，使人不足以窥知其本来的面目。最近郑振铎先
生在上海发见大批新的史料，为明人赵琦美所钞校，
共二百四十二种：元人著作凡九十二种，有二十九
种为人间孤本，其他的异文亦不少；明人著作凡
三十五种；其余亦为元明人所作，尚待详细考证。
这批史料，已由商务印书馆开始影刊流行，名《元
明孤本杂剧》。

第三节　　其他俗文学史的研究

　　所谓俗文学，其范围极广，凡属一切用口语写
作而明白易晓的，均应在其列。但郑振铎先生曾说，

小说剧曲虽应属于俗文学，然而本身太大，以之包括于俗文学中，殊觉不称，应行析出。故此节所谓俗文学，除小说剧曲外，其他一切口语文学的研究均包括其中。

胡适先生是白话文运动的开创者，对俗文学极有研究，除小说部分已在第一节叙述外，更有《白话文学史》上册、《国语文学史》；其中多论及俗文学，惜前书仅出上册而止。

郑振铎先生有《中国俗文学史》，上起先秦歌谣，下迄清代的东西调，所包甚广，为俗文学史一本划时代的名著。

李家瑞先生专究中国俗文学，造诣甚深，曾与刘复合编《中国俗曲总目稿》，计所搜集的遍及河北、江苏、广东、四川、福建、山东、河南、云南、湖北、安徽、江西共六千余种。其所作论文更有《打花鼓》(《历史语言研究所集刊》五本四分)、《说弹词》(同前六本一分)。赵景深先生亦有《弹词考证》、《大鼓研究》等作品。

唐代俗讲，为俗文学中很大的一个部门，向达先生有《唐代俗讲考》(《文史杂志》三卷九十期) 一文，研究精审。

研究歌谣是北京大学所发起的。自民国六年起，《北大日刊》上即逐日登载歌谣。后来研究所国学门组织歌谣研究会，发行歌谣周刊，虽时断时续，而搜集编刊歌谣及其他民俗史料的风气凭它造成。民国十六年，广东中山大学亦组织民俗学会，发行民俗周刊，出版《歌谣》、《谚语》、《谜语》、《婚丧礼》、《进香》等册子数十种。

第四节　美术史的研究

美术史的研究，方今正在萌芽之中。美术是一种专门的技术，非内行人，是无法深究它的历史的，而中国美术家，新的一派所学的是西洋的美术，对于本国的美术史，研究起来，当然有相当的困难；而旧派的美术家，又往往缺乏历史的观念和方法，所以中国美术史方面研究的成绩，并不十分丰富。现在我们把中国美术史的研究，分为书画、雕塑、建筑、音乐四门来叙述，因缺乏参考的书籍，疏陋之讥，知所难免！

　　关于书法史的研究，著述极少，只有几篇零碎的论文，散见于各杂志中，如《东方杂志》二十七卷二号所载沙孟海先生的《近三百年的书学》，便算是较有系统的作品了。绘画史方面的著述，则比较来得多，而且已有相当的成绩。全史的著作有潘天寿俞剑华两先生的《中国绘画史》、郑昶先生的《中国画学全史》、滕固先生的《唐宋绘画史》、童书业先生的《中古绘画史》(未刊)等，其中以《中国画学全史》较为完备，《唐宋绘画史》和《中古绘画史》较有见解。论文有陈师曾先生的《中国人物画变迁》(《东方杂志》十八卷十七号)、滕固先生的《关于院体画和文人画之史的考查》(《辅仁学志》二卷二期)、叶季英先生的《中国绘画之骨法与输入凹凸法》(《金陵学报》二卷一期)、《中国山水画之南北宗》(《民族杂志》二卷九期)、童书业先生的《中国山水画南北分宗说辨伪》(《考古社刊》四期)、《重论中国山水画南北分宗说兼答启功先生》(《大美晚报文史副刊》)、《中国山水画南北分宗说新考》(《齐鲁学报》二期)、《没骨花图考》(《齐鲁学报》一期)、启功先生的《山水画南北宗考》(《辅仁学志》)、向达先生的《明清之际中国美术所受西洋之影响》(《东方杂志》二十七卷一号)等。滕、叶、童、启四先生的论文解决了绘画史上山水画南北宗和花卉画徐黄异体两个大问题，较为重要。

关于雕塑史的研究，颉刚曾在甪直保圣寺发现唐代杨惠之的塑像，经过详细的研究，才知道这塑像已不是原迹；但在雕塑史的研究上，仍极有价值，关于这方面，颉刚曾著有多篇论文，发表于《小说月报》及《中山大学语言历史研究所周刊》等杂志中。又赵邦彦先生有《调查云冈造像小记》(《中央研究院历史语言研究所集刊》第一本第四分)一文，为研究雕塑史必读的著作。

关于建筑史的研究，朱启钤、梁思成诸先生在北平曾有营造学社的组织，其著作出版的，除《中国营造学社汇刊》以外，另有梁思成先生编著的《营造算例》、《清代营造则例》和刘敦桢先生编著的《牌楼算例》等书，其已办或已定的计划，有山西大同及河北古建筑的调查，《清代建筑年表》的编辑，明代营造史料及圆明园史料之搜集，对于建筑史的研求，已有不少成绩。

　　关于音乐史的研究，全史有王光祈、郑觐文两先生的《中国音乐史》、孔德先生的《外族音乐流传中国史》，论文有刘复先生的《从五音六律到三百六十律》(《辅仁学志》二卷一期)，《吕氏春秋古乐篇昔黄节解》(《文学杂志》)，贺昌群先生的《汉唐间外国音乐的输入》(《小说月报》二十卷一号)，邵茗先生的《唐宋乐舞考》(《剧学月刊》二卷十二期)、《元明乐舞考》(同上三卷四期)、《清代乐舞考》(同上三卷六期)、《舞器舞衣考》(同上三卷七期)等，都有相当的贡献。

　　以上几门美术史的研究，以绘画建筑两门为较有成绩；以书法史的研究最为贫乏。希望国内专家对于各方面美术史的研究，加紧继续努力，以便著作通史的人有材料可以采用。

第五章
古史的研究与《古史辨》

第一节 古史研究兴起的背景

最近二十多年来古史的研究，可说是当代史学研究的核心之一。当代的史学界中，有许多学者集中于古史的研究上，已得到了相当的成就，对于中古史以及近代史的研究，反而热心较差。这种畸形的发展可说是史学界不良的现象，但古代史是后此历史的根源，不从根源着手，支流的真相确也不易寻得，而且古史上的问题比较繁复，史料的搜集和批判比较困难，研究上所牵涉的各科学问也比较多，不分工合作是不易见效的，所以最近的历史家分别对于古史作各种不同的研究也有他们的不得已的苦衷。

中国人向来有个"历史退化观"的谬见，以为愈古的时代愈好，愈到后世便愈不行，这种观念根深蒂固地种在每个国人的脑海中，使大家对于当世的局面常抱悲观，而去幻想着古代的快乐。目前我国民族文化的不易进步，这也是一个大原因。海通以来，西洋的新科学和新史学输入到中国，使国人思想上受到了很大的刺激，开始发现过去历史观念的错误，于是对古史传说，便渐渐开始怀疑了。

远在清代中叶，大胆的崔述已经本其宋学的"卫道"精神和汉学的考据方法，把一部分荒诞不经的古史传说一笔削去，他所著的《考信录》，真是清代史学研究上的一部奇书，其目光的敏锐和史学方法的谨严，在近代的史学界上可说已发生了巨大的影响，虽然他因为限于时代，一切的研求还是不够彻底。

到了清代后期，经今文学派兴起，疑古的精神大炽，刘逢禄怀疑《左传》，魏源怀疑《毛诗》和汉《古文尚书》，邵懿辰怀疑《逸礼》，都是怀疑古文经的先声，等到廖平、康有为、崔适等继起，更大举对古文经攻击，而且又联带地怀疑到古史传说上，认为古史传说多出自诸子的创造，用来达到他们"托古改制"的目的的，这样一来，"疑古"的学风便一发而不可遏了。

民国以来，西洋的治学方法和新史观不断地输入，更予人们以莫大的启示。胡适先生在北京大学讲学，常根据他从西洋得来的治史方法，考证中国历史上的问题，于是古代史的威信更为摇动。颉刚等身逢其会，便开始提出古史上诸问题加以讨论，"古史辨"便在这种情态之下出现了。

同时古金文和甲骨文的研究，在清末已发其端，到了民国时代，王国维先生首先利用这类考古学上的材料参酌了文献来研究商周史的真相，及门诸子和近世诸学者多能继续他的精神不断探求，于是古史的研究又开一新纪元，真古史的骨干也已渐渐竖立起来了。

要而言之，古史研究兴起的背景，是：（一）史学上寻源心理的发达；（二）西洋的科学治学方法和新史观的输入；（三）清代中叶以来疑古学的渐次兴起；（四）考古学的抬头。

第二节　古书著作年代的考订

　　研究史学，第一步的工作该是搜集史料和批判史料。研究古史，自然应该先把古书的著作年代弄清楚，使这些古书得到史料上适当的价值，所以这方面的工作颇为一般古史研究者所重视，至今也已得到了相当的成绩。

　　最值得注意的，要算《尚书》各篇著作年代的考订了。《今文尚书》二十八篇中最先为人所怀疑的是《金縢》，程颐已认这篇非圣人之言，后来王廉、王夫之、袁枚都曾对此怀疑（袁枚著有《金縢辨》）。其次为人所怀疑的要算《尧典》、《禹贡》了，康有为的《孔子改制考》就认为《尧典》为孔子所作，不是尧舜时的实录。顾刚在民国十二年《答适之先生论今文尚书时代书》中（收《古史辨》第一册），曾全盘讨论到《今文尚书》的著作年代，认为这书各篇可分三组：

　　1.《盘庚》、《大诰》、《康诰》、《酒诰》、《梓材》、《召诰》、《洛诰》、《多士》、《多方》、《吕刑》、《文侯之命》、《费誓》、《秦誓》——在思想上文字上都可信为真。

2.《甘誓》、《汤誓》、《高宗肜日》、《西伯戡黎》、《微子》、《牧誓》、《洪范》、《金縢》、《无逸》、《君奭》、《立政》、《顾命》——文体平顺，或为后世假作，或出史官追记，不过决是东周间的作品。

3.《尧典》、《皋陶谟》、《禹贡》——决是战国至秦汉间的伪作，与那时诸子学说有相连的关系。

这些见解，在今日看来，当然很欠精密。关于《尧典》，颉刚后来编有《尚书研究讲义》，从制度上疆域上文辞上证明今本《尧典》为汉人所作，童书业先生的《评顾著尚书研究讲义第一册》(《浙江图书馆馆刊》三卷六期)，又补充了许多见解。关于《禹贡》，颉刚提出了著作在战国时代的见解，以后丁文江先生、翁文灏先生都曾表示赞同 (丁说见《答顾颉刚论禹治水不可信书》，翁说见《师大地理月刊·演讲录》)。郭沫若先生在《金文丛考》中也主张此说，后来马培棠先生著《梁惠王与禹贡》(《禹贡》半月刊二卷五期)、《大梁学术》(同上二卷六期)、《禹贡与禹都》(同上二卷八期)、《禹贡与纪年》(同上二卷十期），又断为梁惠王后元十六年所作，这也还有商榷的余地。关于《洪范》，刘节先生曾作《洪范疏证》(见《东方杂志》二十五卷二期及《古史辨》第五册），从用字上音韵上证明这是战国末期作品。童书业先生在《五行说起源的讨论》一文（《古史辨》第五册）中，曾根据古史传说的演变来证明《洪范》决非战国末期作品，认为作在战国的初期。张西堂先生在《尚书研究讲义》(广东省立勷勤大学讲稿）中也支持童先生的主张，认为今本《洪范》训王的"皇"字，在《史记》、《尚书大传》本作"王"，不足证明《洪范》的晚出。关于《高宗肜日》，郭沫若先生的《先秦天道观之进展》，根据天字与帝字的用法以及民本的观念，也认为不足信。关于《柴誓》，余永梁先生曾有《柴誓的时代考》(已收《古史辨》第二册），以为是春秋时僖公所作。关于《吕刑》，郭沫若先生在《金文丛考》中曾因金文中无天地对立的观念，而怀疑《吕刑》的著作年代，但证据还不够坚强。此外各篇近人虽也常讨论到它的著作年代，但都没人作专门的研究发表。我们希望各篇商周书都能考定它的时代，因为这于古史研究是大有裨益的。

　　除了《尚书》以外，比较地为中外学者所深切注意的，便是《左传》和《国语》的著作时代问题，因为这个问题已为晚清今文家所提出而没有解决的。国外学者对于这问题有研究的要算高本汉了，他著有《左传真伪考》，从文法上证明《左传》非鲁人作，而《左传》与《国语》确为用同一方言人所作，但决非一人之作品。此外卜德著有《左传与国语》一文，由二书的引《诗》多寡上及用"帝"与"上帝"的多寡上，证明二书原非一物。国内学者对此问题作考论的很多，冯沅君、童书业、孙海波、杨向奎诸先生对此问题都曾作比较研究。冯先生的《左传与国语的异点》一文（附冯译《左传真伪考》后），比较二书共说一事而文不同的凡十五则，并从"於""于"与"与""及"等字的用法上证明二书全不相干。孙先生的《国语真伪考》（《燕京学报》第十六期）也认二书记一事而事实多不同，又以为司马迁曾据《左传》而未引《国语》，《国语》在当时尚未成书。童先生的《国语与左传问题后案》（《浙江图书馆馆刊》四卷一期）承认《左传》并非《春秋》的传，又把《史记·周本纪》所载《国语》之语与《国语》对照，知道《郑语》等篇在《史记》前已成立，又从记事上文法上文体上古史传说上证明《左传》、《国语》非一书分化，而《国语》中的《齐语》、《吴语》、《越语》等篇是晚出的。杨先生的《论左传之性质及其与国语之关系》(《北平研究院史学集刊》第二期)，又反驳晚清今文家的主张，认为《左传》确是《春秋》的传，而《国语》与《左传》非一书的割裂。关于这个问题到现在还没有得到定论，总之，《左传》和《国语》二书决非春秋时代的作品，是可以无疑的了。

关于《三礼》的著作年代，还急待我们去作深切的研究。比较上有成绩的，有钱穆先生的《周官著作时代考》，他从祀典、刑法、田制各方面证明《周礼》是战国时代晋地的著作。还有郭沫若先生的《周官质疑》(见《金文丛考》) 从金文中的官名来考验《周礼》，同样地证明《周礼》是战国时代的作品，而且还认为"荀卿子弟子所为，袭其师'爵名从周'之意"。《礼记》方面，有童书业先生的《二戴礼记辑于东汉考》(《浙江图书馆馆刊》四卷二期)

和洪业先生的《礼记引得序》，都考定今本《礼记》辑成于东汉时代；关于专篇的考证，有杨宽先生的《月令考》(《齐鲁学报》第二期)，认为月令是晋太史之学，经春秋战国时代陆续补订而成的。在这方面我们希望有人出来作更进步的研究，因为这些问题还不能算完全解决，没有讨论到的问题还多着呢。

关于诸子的著作年代，近人考辨得很是热烈，因已收入《古史辨》第四册和第六册，留待后面详说。

此外日人研究中国古籍的也很多，比较有价值的论文也不少，江侠庵先生选译的《先秦经籍考》(商务出版)虽不够完善，也足供我们的参考。

第三节 古代民族史的研究

最近古史上的研究，以民族史方面的探讨为最有成绩。我国的古史传说本来非常紊乱，这方面的研究确实给我们在长夜漫漫中找到了一线曙光，使我们在紊如乱丝的古史传说中摸到了真实的边际。

古代民族史方面的研究所以到今天会有这样的

成绩，我们不能不归功于刘师培和王国维两先生。刘先生曾在古代姓氏的传说上，先研究出古代民族史的一个面目来，他在《偃姓即嬴姓说》(见《左盦集》) 中曾证明熊、盈、偃、嬴、依为一姓的分化，这是很宝贵的见解。王国维先生用他的二重论证法研究甲骨文和文献的结果，又主张殷以前的帝王宅京皆在东方，只有周独崛起于西土。接着徐中舒先生便作《从古书中推测之殷周民族》一文 (清华大学《国学论丛》)，以为："由载籍及古文字说明殷周非同种民族，约有四证：一曰，由周人称殷为夷证之……二曰，由周人称殷为戎证之……三曰，由殷周城内之地称夷者证之……四曰，由箕子逊于朝鲜证之……综此四证观之，周人之视殷人为东方异族明矣……"这个结论对于古代民族史的研究确是个重大的启发。等到傅斯年先生作成《夷夏东西说》(刊《庆祝蔡元培六十五岁纪念论文集》)，更铺张古代民族有东西二系之说，不仅以为周兴于西土，连夏也是兴于西土的；只有殷是兴于东方，从祖先神话证明殷与东北民族同出一源。至于虞夏商周的朝代系统只是周人的观念，东方人却另有其朝代观念。

傅文一出，给予古史学界的影响更大，从此古代民族有东西二系的说法几乎成为定论了。其后傅先生又作《姜原》(中央研究院《历史语言研究所集刊》第二本第一分)，姜亮夫先生作《夏殷民族考》(《民族杂志》一卷十一、十二期二卷一期二期)，胡厚宣先生作《楚民族起于东方考》(北京大学潜社《史学论丛》一期)，都为此说增加了证据不少。胡先生从卜辞金文以及传说中的地理和文化礼制来证明楚民族本和殷商同族，本在黄河流域，在殷周之际给周人所逐而南迁的，这些说法都很有见地。最近杨宽先生作《中国上古史导论》(《古史辨》第七册)，集合诸说，主张：殷、淮夷、徐戎、楚、郯、秦、赵等为东系民族，周、羌、戎、蜀等为西系民族；所谓华夏民族，即此二系民族的混合体，一切古史传说亦皆由此二系民族之祖先传说交混错综而成，他较刘师培先生更进一步，不仅认熊盈偃赢依为一姓之分化，又认殷也即是盈，又即是依 (殷古或作郼，读如衣)，更认为姬姓和姒姓也是一姓的分化，戎和蜀又是一声之转，古代只有这东西二系的民族。杨先生又主张历史上并无夏国的存在，以为夏代的古史传说无非是周人依托宣传而成，著有《说夏》、《说夏补》二文，并见《中国上古史导论》中。童书业先生又著《乌夷》一文，载杨先生《伯益考》（《齐鲁学报》第一期）后，补证傅杨诸先生殷为东夷之论，并著《姬姜与氐羌》一文（未刊），主张姬姜二姓由氐羌来。东西二系民族之论，至今日差不多已渐臻家喻户晓的地步了（承认有夏代而又主张夏族起于东方的，有杨向奎先生所作《夏民族起于东方考》一文，载《禹贡》半月刊《古代地理专号》）。

关于古代其他民族的研究，近人也著有论文很多，如王国维先生作《鬼方獯鬻猃狁昆夷考》（见《观堂集林》），考证薰育、鬼方、昆夷、猃狁、狄、匈奴等皆为一族，其说颇为精确。此外钱穆先生著有《西周戎祸考》等文，蒙文通先生著有《赤狄白狄东侵考》、《犬戎东侵考》、《秦为戎族考》等文，均载《禹贡》半月刊中。颉刚亦著有《九州之戎与戎禹》一文，载《禹贡》半月刊《古代地理专号》。

关于中国民族由来的讨论，自清末以来，讨论也很热烈，虽然这问题到现在还无定说。大家如要知道他们辩论的内容，可参看缪凤林先生的《中国民族西来辨》(《学衡》第三七期)、《中国民族由来论》(《史学杂志》二卷二期及三、四合期)。这两篇文中，已把中国民族由来的各说大略都引征和评论到了。

《古史辨》以外，关于古史研究的专著，近年颇有新作，如吕思勉先生的《先秦史》(开明书店出版)、童书业先生的《春秋史》、杨宽先生的《战国史》(均未刊)，都有很新的发现。蒙文通先生的《古史甄微》(商务出版)也是一部极有见解的作品，他从地域上分剖古史传说的同异，确也寻得了古史传说一部分的真相。对蒙先生著作提出反证明的，则有张崟先生的《古史甄微质疑》(《史学杂志》二卷三、四合期)一文。

第四节　《古史辨》与古史传说的研究

自从颉刚在《努力周报》的《读书杂志》上发表了《层累地造成的古史观》，曾引起了师友们热烈的讨论，因为颉刚提出了尧舜禹等古史传说中的帝王有神性的问题，史学界便开始注意到古史传说的研究。颉刚由于师友的督促，毅然编著了《古史辨》

第一册，于民国十五年出版。在这一册里，许多论证，在今日看来是不够坚强的，但主要的见解，到今日，颉刚还很坚持着。

颉刚所编著的《古史辨》第二册，可以说是承继第一册的研究的，上编讨论的是古史问题，中编讨论的是孔子和儒家的问题，下编是关于第一册的评论，在民国十九年出版。其中颉刚所作《秦汉统一的由来和战国人对于世界的想象》，主张三代国境只在黄河流域，周是氐羌中的一种，到今日已无可疑，刘复先生的《帝与天》，魏建功先生的《读帝与天》，认帝之原义为上帝，这个说法确是开启古史传说的一个钥匙。

《古史辨》的第三册是讨论《易经》和《诗经》的，第四册和第六册是讨论诸子的，这留待下节来论述。现在所说到的，便是颉刚所编著的《古史辨》第五册。这册上编谈的是汉代经学上的今古文问题，下编论的是阴阳五行说起源问题及其与古帝王系统关系问题。这册《古史辨》虽然也研究到古史传说，可是主要的却在替汉代经今古文问题重新加以估定。自从晚清今文家提出了"新学伪经"的说法以后，许多古书像《左传》、《周礼》甚至于《史记》、《汉书》都有了刘歆作伪和窜入的嫌疑，同时许多古史传说像《月令》一系的五帝说，《左传》郯子所述的古史传说，羿浞代夏以及少康中兴的故事，都有刘歆等人伪造的嫌疑。

颉刚认为古史的传说固然大半出于自然的演变，却着实有许多是出于后人有意的伪造。新莽为了要夺地位，恰巧那时五行的学说盛行，便利用这学说来证明新的代汉合于五行的推移，以此表明这次的篡夺是天意，刘歆所作的《世经》分明是媚莽助篡的东西，而《世经》里排列的古帝王的五德系统，也分明是出于创造和依托的，这其间当然会造出许多伪史来了。对这问题，颉刚曾著了《五德终始说下的政治和历史》一文来加以重新估定。钱玄同先生所著《重论经今古文学问题》(标点本《新学伪经考》序)，可以代表钱先生对于经今古文问题的见解。对于晚清今文学家的主张彻底反对的有钱穆先生，他著有《刘向歆父子年谱》，也已收入了这册《古史辨》。在这册中，又因讨论今古文的问题而连带地讨论到阴阳五行的起源，因此又收入了梁启超先生的《阴阳五行说之来历》和刘节先生的《洪范疏证》等篇。

自从颉刚在《古史辨》第一册上提出了古史传说的见解以来，这十多年中关于古史传说的研究确实有了相当的成绩，紊如乱丝的古史传说，到今日确已研究出一个线索来了，这不能不算是当今史学界上一件值得欣慰的事。因此在民国三十年便有《古史辨》第七册的结集，《古史辨》第七册，是吕思勉、童书业二先生合编的。这册书分为上中下三编，上编是古史传说统论，收了颉刚所著的《战国秦汉人的造伪与辨伪》和杨宽先生的《中国上古史导论》；中编是三皇五帝考，以颉刚与杨向奎先生合作的《三皇考》和吕思勉、蒙文通、缪凤林诸位先生关于三皇五帝讨论的论文为中心；下编为唐虞夏史考，以颉刚与童书业先生合作的几篇论文和吕思勉、陈梦家、吴其昌诸位先生的论文为中心。这确是近十余年来古史传说批判的一个大结集。

在《古史辨》第七册中，最应注意的，是一支生力军的加入，那便是杨宽先生的《中国上古史导论》的发表。他一方面赞成我们的古史神话演变说；

一方面又反对自康有为以来的"托古改制"说和
"新学伪经"说。他认为古史传说多是古代东西二系
民族原有神话的演变和融化，它的演变多是自然的
演化，而很少是人为的改造。他竭力主张神话传说
分化说，认为一个神话会分化演变成几个神话，这
便是古史内容日趋复杂的主要原因。童书业先生曾
说："所谓累层地造成的古史观，乃是一种逐渐造伪
的古史观，我们知道：古史传说固然一大部分不可
信，但是有意造作古史的人究竟不多，那么古史传
说怎样会'累层'起来的呢？我以为这得用分化演
变说去补充它。因为古史传说愈分化愈多，愈演变
愈繁，这繁的多的哪里去安插呢？于是就'累层'
起来了。所以有了分化说，累层地造成的古史观的
真实性便越发显著：分化说是累层说的因，累层说
则是分化说的果。"(《古史辨》第七册自序二)童先
生对于杨先生贡献的介绍和批评是相当正确的，杨
先生把古史传说大部分还原成为古代东西二系民族
的神话，每一个古史传说中的人物也都指出了他在
神话中的原形，虽然有许多地方还有待于修正，大
部分的体系可算是确立了。

拙作《战国秦汉人的造伪与辨伪》，只是一篇通论式的文章，可以代表个人近年来的见解。我觉得过去造伪的人往往兼任着辨伪的工作，辨伪的人也往往兼任着造伪的工作。例如儒家感觉古代神话的不可信，用人事去解释它，这一方面便是辨伪，一方面就是造伪。刘歆、王肃一辈人的伪造古书古史，也是因为当时流传的古书古史不尽可信，所以想用自己认为可信的"古书""古史"去辨正它，这一方面是造伪，一方面也便是辨伪。这个见解，我现在还认为是正确的！

至于第七册《古史辨》的中下编，从三皇一直讨论到夏桀，都是近年来国内古史传说研究者的成绩，虽不十分完全，但也可以鸟瞰一斑了。三皇的问题，经过这样的探讨，大部分可说是解决了。三皇传说出于"太一生两仪"哲理的神话化，同时泰皇的传说又出于黄帝（即上帝）等神话的演化，也已成定论。五帝的传说虽然还需要作进一步的综合研究，可是五帝的前身都是神话中的上帝，也已可断定，昔年颉刚认为五帝传说起于五色天帝的神话，到现在还坚持着这个主张。夏史传说也很多出于神话的演化，昔年颉刚认禹为社神的见解，现在已有童书业、杨宽诸先生提供了不少坚强的证据。关于古史中的朝代传说，童书业先生的《帝尧陶唐氏名号溯源》，也是值得注意的一篇文章。

这里附带地要说的，就是近年来因为古史传说的研究，引起了学者们对于古代宗教和神话的研究。在古代宗教和神话研究中，杨宽、童书业两先生和颉刚大都着眼于古史传说的探索上，而专门对古代宗教和神话作研究的，以郭沫若、闻一多、陈梦家诸先生的贡献为最大。

郭沫若先生的《先秦天道观之进展》一书和《释祖妣》（见《甲骨文字研究》）等文，对于我国古代的宗教和宗教思想，曾有很新颖的见解。郭先生认为"社"即是"高禖"、"高唐"，又即"郊社"。闻一多先生的《高唐神女传说之分析》并《补记》（《清华学报》十卷四期），更进一步认为古代各民族的高禖即是各族的先妣，楚的先妣高唐与其祖先高阳实是一人，自母系社会转变为父系社会，先妣也就由女性变为男性了。接着孙作云先生作《九歌山鬼考》（《清华学报》十一卷四期），更认为《九歌》

中的"山鬼"便是高唐传说中的"巫山神女"。陈梦家先生关于这方面的研究，发表有《古文字中之商周祭祀》（《燕京学报》十九期）、《商代的神话与巫术》（《燕京学报》二十期）、《祖庙与神主之起源》（燕京大学《文学年报》三期）、《高禖郊社祖庙通考》（《清华学报》十二卷三期），对于商周的宗教和神话有很多新的发见。

更有值得一提的，是蒋大沂先生的《与杨宽正书》（亦载《古史辨》第七册中），他根据杨先生研究古史传说的结果，提供了研究古代神话的一个很可宝贵的见解，他认为我国古代神话也有光明与黑暗两境界，有关昆仑的传说原是天堂的神话，有关幽都的传说原是地狱的神话，而黄帝伐蚩尤以及尧舜伐共工和诛鲧等故事，就是光明和黑暗之争的象征，我们希望在这方面能有更精深的研究，那么古史传说的初相就更可以明了了。

第五节 《古史辨》与古书的研究

古书的研究其实就是古史的研究，因为古书是古史的史料，研究史料就是建筑研究历史的基础。所以有人说"古史辨"变成了"古书辨"是一种怯退的表示，这句话是不对的。

《古史辨》的第三册是专门研究《易经》和《诗经》的，上编《易经》部分，收了十五篇论文，除颉刚自著的《周易卦爻辞中的故事》《论易系辞传中观象制器的故事》《论易经的比较研究及象传与象传的关系书》三文外，比较重要的论文有胡适先生的《论观象制器的学说书》、钱穆先生的《论十翼非孔子作》、李镜池先生的《易传探源》、余永梁先生的《易卦爻辞的时代及其作者》、容肇祖先生的《占卜的源流》等文。《周易卦爻辞中的故事》，在积极方面，研究了王亥丧牛羊于有易、高宗伐鬼方、帝乙归妹等故事；在消极方面，说明了《卦爻辞》中没有尧、舜禅让和圣道的汤、武革命等故事，所得到的结论是：作《卦爻辞》时流行的几件大故事是后来消失了的，作《易传》时流行的几件大故事是作《卦爻辞》时所想不到的，从这些故事的有与没有上，可以约略地推定《卦爻辞》的著作时代当在西周的初叶。《论易系辞传中观象制器的故事》主要在说明这故事是出于汉人京房一派所伪托的。《论易经的比较研究及彖传与象传的关系书》是请李镜池先生对于《周易》本文作比较的研究，同时说到《彖传》和《象传》的关系，我觉得《象传》的爻的部分原与《彖传》相合，《象传》的卦的部分则是后出的。

胡适先生的《论观象制器的学说书》，认为观象制器之说本来不是历史，《易系辞传》此章虽有稍后出的可能，但《象传》各条皆有观象制作之意，当是同一学说，他反对我的观象制器之说作于京房一流人的意见。钱穆、李镜池二先生的论《易传》文章，都从思想及其他方面说明《易传》非孔子作。李先生更认为《彖传》与《象传》的著作年代当在秦汉间；《系辞》与《文言》的著作年代当在史迁之后，昭宣之前；《说卦》、《序卦》、《杂卦》的著作年代在昭宣后。余永梁先生的《易卦爻辞的时代及其作者》，也主张《卦爻辞》为周初作品。容肇祖先生的《占卜的源流》把占卜的起源和流变考证得清清楚楚，读了此文，更能明白《易经》在占卜史上的地位了。此外如钱玄同先生的《读汉石经周易残字而论及今文易的篇数问题》和李镜池先生的《左国中易筮之研究》、《周易筮辞考》等文，也都解决了《易经》上的许多问题。这里连带地要提到的，便是郭沫若先生对于《易经》的见解。郭先生在《金文丛考》的《金文所无考》里因为"乾""坤"二字为金文所无，天地对立的观念亦为金文所无，认为经部的著作在春秋以后。郭先生另有《周易之制作时代》一文（见《青铜时代》），认为经部作于战国初年的楚人馯臂子弓，而传的大部分是秦时荀子的门徒楚国人所著。

第三册下编《诗经》部分收了五十九篇长长短短的文章，颉刚自著的有《诗经在春秋战国间的地位》、《瞎子断扁的一例——静女》、《论诗经所录全为乐歌》等文，对于春秋战国时代人的用诗孔孟二子对于《诗》的态度和《诗经》所录是否全为乐歌等较大的问题曾有所考证，对于《诗经》中的各篇如《静女》、《野有死麕》、《褰裳》、《硕人》各篇也曾有所解释。同时胡适、俞平伯、刘大白、魏建功、董作宾诸位先生对我的见解都有所补订讨论。此外郑振铎先生的《读毛诗序》对于《诗序》痛加抨击，

是批评《诗序》的最有力的一篇文章。陈槃先生的
《周召二南与文王之化》，说明二南与文王毫无关系，
大多数只是东周时代江汉民族的作品。俞平伯先生
的《葺芷缭蘅室读诗札记》，对于《周南·卷耳》、
《召南·行露》、《小星》、《野有死麕》、《邶风·柏
舟》、《谷风》等篇都有新见解发表。胡适先生的
《诗三百篇"言"字解》，是以科学方法研究《诗经》
文法的第一声。他的《谈谈诗经》也有许多新颖的
见解。其他关于"起兴""六义"等问题也有钟敬文、
朱自清、何定生诸位先生的讨论。总之对于《诗经》
的研究可说是相当的热闹了。

　　《古史辨》第四册和第六册都是专门讨论诸子
问题的，编辑者是罗根泽先生。第四册内容也分上
下两编，上编为儒墨两家，下编为道法两家；第六
册仍分上下两编，考证遍及先秦各学派，范围更扩
大了。

　　这两册《古史辨》中所收的论文极多，不胜
一一介绍。较重要的有：胡适先生的《诸子不出于
王官论》、《详论近人考据老子年代的方法》，梁启超
先生的《论老子书作于战国之末》，钱穆先生的《荀

卿考》、《关于老子成书年代之一种考察》、《再论老子成书年代》，冯友兰先生的《大学为荀学说》、《中庸的年代问题》、《老子年代问题》，张寿林先生的《老子道德经出于儒后考》，张季同先生的《关于老子年代的一假定》，孙次舟先生的《跋古史辨第四册并论老子之有无》，谭戒甫先生的《二老研究》，唐兰先生的《老子时代新考》，郭沫若先生的《老聃关尹环渊》，唐钺、郑宾于二先生的《论杨朱》，门启明先生的《杨朱篇和杨子之比较研究》，容肇祖先生的《韩非的著作考》，王正己先生的《孝经令考》，蔡汝堃先生的《今文孝经成书年代考》；更有罗先生自著的《战国前无私家著作说》、《荀卿游历考》、《由墨子引经推测儒墨两家与经书之关系》、《老子及老子书的问题》、《晚周诸子反古考》、《商君书探源》、《再论老子及老子书的问题》等篇，颉刚所著的，亦有《从吕氏春秋推测老子之成书年代》一文。

　　胡先生的《诸子不出于王官论》，是近今研究诸子学转变风气的第一篇重要文章。过去的学者都承认刘歆、班固等的说法，认为诸子之学都是王官之学之余裔。胡先生否认此说，谓诸子之学皆春秋战国之时势世变所产生。此说一出，诸子之学之真价值和真地位乃完全显著。此后钱穆、冯友兰、罗根泽诸位先生都受此说的影响（不过冯先生虽否认诸子皆出王官的旧说，但他另有其诸子之学的源起说，谓诸子学与王官之学也有相当的关系，其说后出而很近情）。罗先生的《战国前无私家著作说》、《晚周诸子反古考》等文，都是继承胡先生的说法而作更进一步的探讨的。

这两册古史辨所讨论的，无非是诸子的"人"和"书"的问题。最可注意的，是老子及《老子》书的年代问题。其间可分为三派：第一派是主张老子及《老子》书晚出的，代表的论文很多。最早提出此问题的为梁启超先生，其后如钱穆、冯友兰、张寿林、张季同与罗先生及颉刚本人都竭力主张此说，虽然各人的主张也不尽同，但大致都认老子和《老子》书晚出，不能代表春秋末年的思想。还有孙次舟先生，他不但怀疑《老子》书，并认老子并无其人。第二派是维持老子和《老子》书年代的旧说的，胡适先生为其中主张最力的一人，他认为主张老子和《老子》书晚出的人所持的证据和所用的方法都很危险；他和钱穆、冯友兰二先生曾有所辨论。此外如张煦、马叙伦诸先生都是这一派的代表。第三派是折衷派，例如唐兰先生主张老聃与孔子同时，《老子》为老聃遗言，但与《墨子》、《孟子》同时成书；郭沫若先生又说老子确系孔子之师，老聃《老子》书确为老聃之语录，集成此语录者为环渊，即是关尹。总之关于《老子》问题，现在还在讨论之中，最后结论还不能马上得到，但老子和《老子》书的旧说之必应修正则是无问题的。

其次为近人争辩得热闹的，是墨子的姓氏问题。自从清末江瑔提出墨子之"墨"非姓的见解后，受他影响的人也很多。较近情的，是钱穆先生墨本刑徒之称非墨子之姓说。关于这个说法，冯友兰先生的《中国哲学史》中也采取了。但我们觉得这个说法虽有相当的价值（揭露了墨学一部分的真相），但不无可疑，因为从《墨子》书中看，其接受传统的贵族学说处很多，墨子本人也有相当的贵族色彩，旧说墨子为宋大夫，而宋人的愚笨素为先秦诸子所称道，墨学的有宗教色彩以及兼爱非攻等种种难于实现的理想都是宋人思想的表现。童书业先生发现

宋公子目夷之"目夷"，古书或作"墨台"，而墨子
为墨台氏之后又明见于古籍，再从墨子与宋国关系
之深一点观察，墨子很有为公子目夷之后的可能，
因此童先生就与颉刚合著了一篇《墨子姓氏辨》（载
北平研究院《史学集刊》第二期），除提出墨子为公
子目夷之后的见解外，又驳评了江钱二先生的说法。
近来颇有人赞同我们的见解，但这个问题的论定仍
须俟诸异日。

图书在版编目(CIP)数据

当代中国史学/顾颉刚著. —上海:上海人民出
版社,2023
ISBN 978-7-208-18276-9

Ⅰ.①当… Ⅱ.①顾… Ⅲ.①史学-研究-中国-
1845-1945 Ⅳ.①K207

中国国家版本馆 CIP 数据核字(2023)第 081948 号

责任编辑 罗俊华
封面设计 周伟伟

当代中国史学

顾颉刚 著

出　　版	上海人民出版社
	(201101　上海市闵行区号景路 159 弄 C 座)
发　　行	上海人民出版社发行中心
印　　刷	上海盛通时代印刷有限公司
开　　本	787×1092　1/32
印　　张	8.25
插　　页	5
字　　数	111,000
版　　次	2023 年 8 月第 1 版
印　　次	2023 年 8 月第 1 次印刷

ISBN 978-7-208-18276-9/K·3283

定　　价	68.00 元